르 코르뷔지에

근대 건축의 거장

차례
Contents

르 코르뷔지에의 형성기, 쥐라 산맥을 넘어 유럽으로

샤를르 에두아르 장느레

한여름의 고비를 막 넘긴 1965년 8월 27일, 78세의 한 노인이 해변에서 심장마비로 사망했다. 『타임』에서 선정한 '20세기를 빛낸 100인' 가운데 건축가로는 유일하게 선정된 르 코르뷔지에Le Corbusier다. 이 위대한 인물의 죽음을 기리기 위해 프랑스 정부는 문화부장관인 앙드레 말로의 주재하에 루브르궁 쿠르 카레에서 장엄한 영결식을 거행했다.

본명이 샤를르 에두아르 장느레Charles-Édouard Jeanneret인 르 코르뷔지에는 1887년 10월 6일, 스위스의 라쇼드퐁La Chaux-de-Fonds에서 태어났다. 그가 태어난 라쇼드퐁은 18세기부터 시계

산업으로 특화된 곳이다. 해발 1,000미터가 넘는 이곳에서 가업인 시계 세공업을 계승한 그의 아버지는 종종 아들을 알프스 산맥의 대자연 속으로 데려가 웅장한 자연을 경험하게 했다. 피아니스트이자 음악교사였던 어머니는 그에게 많은 영향을 주었다. 그녀는 두 아들에게 음악을 가르쳐 가족 연주회를 열곤 했는데, 어머니의 총애를 받았던 형 알베르Albert는 음악가의 길을, 동생은 그림과 장인의 길을 택했다. 그는 어머니가 말한 "네가 하고 싶은 것, 그것을 해라!"라는 교훈을 평생 가슴에 새기고 살았다. 르 코르뷔지에는 아버지로부터 관찰력을, 어머니로부터 열정을 물려받아 유년시절에 이미 엄격한 청교도적 생활 자세, 예술에 대한 순수한 열정, 불굴의 실천의지 등을 키워가고 있었다.

장느레의 예술교육과 스승 레플라트니에의 지역적 아르누보

1902년, 유럽은 한창 산업화가 진행되고 있었다. 이 시기는 예술과 공업을 결합해서 분야를 동시에 발전시키기 위해 공예학교가 많이 생겼다. 장느레는 1870년에 개교한 라쇼드퐁 예술학교에 조각 전공생으로 입학했다. 그는 1906년 밀라노 국제견본전시회에서 시계 케이스 장식품으로 명예학위를 받아 재능을 드러내기도 했다.[1] 이런 종류의 작업은 값비싼 다이아몬드, 금, 은을 재료로 사용하기 때문에 정확성과 세밀함, 그리고 강한 집중력이 필요했다.

당초 시계 제조업과 연관된 예술 교육에 치중했던 라쇼드퐁 예술학교는 장느레가 학교를 다니던 때에 이르러 시대적 변화를 맞아 장인이나 예술가를 양성하는 전통 교육만을 고집할 수 없었다. 이전에는 없었던 손목시계가 유행하고, 외국 제품과의 경쟁도 치열해졌다. 이러한 상황에서 레플라트니에 Charles L'Eplattenier가 1897년 라쇼드퐁 예술학교의 교수로 임명되었고, 1903년 교장이 되었다. 그는 르 코르뷔지에가 진로를 선택하는 데 결정적 영향을 미쳤다.

레플라트니에는 일상의 생활 환경과 주거 및 가사 공간을 중요하게 생각한 아르누보Art Nouveau[2]의 기조에 따라 1906년 교육 과정을 장식 예술과 건축으로 확대하기 위한 '고등과정'을 개설했다. 장느레는 여기에서 건축을 전공으로 선택했다.

레플라트니에는 영국의 예술수공예(Arts & Crafts)운동[3]을 몸소 체험했으며, 유럽의 여러 주요 도시에 머물면서 최신의 미적 개념들과 추상화에 대한 폭넓은 식견을 지녔다. 그는 학생들을 학교 밖과 자연 속으로 데리고 나가 자연과 예술의 기본적 관계를 가르쳤다. 그리고 제자들과 함께 쥐라 산맥과 지역의 동식물을 연구했다. 건축에 관심이 많았던 그는 그림과 장식 구성에 대해 강의했다. 건축의 형태와 장식의 기초는 지역적이고 자연적 특색을 잘 살리는 것이라고 강조한 존스Owen Jones의 저서 『장식의 문법Grammaire de l'ornement』을 강의에 활용했다. 그는 쥐라의 자연 속에서 제자들에게 단순히 겉으로 보이는 외관이 아닌 자연의 본질을 양식화한 형태로 표현해야

5

팔레 저택의 외부 디테일
(Le Corbusier, Centre Pompidou)

하며 장식을 할 때 자연의 구성 원리를 잘 표현해야 한다고 가르쳤다.

1905년 18살인 장느레는 스승 레플라트니에의 소개로 건축가 샤팔라R. Chapallaz와 함께 고향에 자신의 첫 건축 작품인 '팔레 저택(Villa Fallet)'(1905~1907)을 만들었다. 이 건축물의 외부 장식은 그가 고등과정을 다닐 때 주변에서 흔히 보았던 전나무를 단순한 삼각형으로 바꾼 것이다. 그는 이 작품에서 당시 자신의 장식의 경향을 잘 보여주고 있다. 또한 겉으로 보이는 자연의 모습뿐 아니라 그 구조까지 기하학적으로 나타내려는 그의 의도를 잘 표현했다.

첫 외국 여행

1907년, 20살이 된 청년 장느레는 처음으로 작품을 만들어서 번 돈을 들고 여행을 떠났다. 이 여행은 1917년에야 끝나는 먼 여행의 시작이었다.

그는 친구와 함께 피렌체와 시에나를 여행하면서 중세의 건축과 조각을 감상했는데, 특히 르네상스 이전의 작품에 매력을 느꼈다. 또한 그가 1948년에 쿠튀리에Alain Couturier 신부4)

빌라형 공동주택 투시도

에게 "이 작품을 보는 순간 나의 인생 방향이 결정되었다"고
고백할 만큼 깊은 감명을 받았던, 15세기에 지어진 피렌체 근
교에 있는 카르투지오 수도회 소속 샤르트루즈 데마 수도원
(chartreuse d'Ema)을 여러 번 방문했다. 1911년 아테네를 여행
하고 돌아오면서 이곳을 다시 방문했다. 이 수도원은 수도승
들이 생활하는 독방이 정원을 향하도록 설계되어 있다. 그는
독립된 개인 공간을 잘 살리는 공간 설계와 입방체의 평탄한
표면, 기하학적 형태 등을 보면서 근대에 알맞은 공동 주택 모
델을 발견했다. 그는 이것을 계기로 1922년 '빌라형 공동주택
(l'immeubles-villas)'을 설계했다.

　　장느레는 이탈리아의 여러 도시를 거쳐 당시 장식예술의
중심지였던 오스트리아의 수도 빈으로 갔다. 그는 그곳에서
한순간 그를 사로잡았던 장식예술에 싫증이 났다. 푸치니의
오페라 '라보엠'을 보면서 문득 파리의 화려한 생활이 궁금했
다. 1908년 봄 그는 빈을 떠나 뉘른베르크, 뮌헨, 스트라스부
르, 낭시를 거쳐 마침내 파리에 도착했다.

첫 번째 파리 체류

당시 파리에서는 에꼴 데 보자르 미술대학을 중심으로 아카데믹한 예술 전통이 주류를 이루고 있었다. 아르누보의 기운이 넘쳤고, 공학자 에펠Eiffel과 건축가 라브루스트Henri Labrouste, 철근콘크리트를 본격으로 사용한 페레 형제(frères Perret) 같은 선구적 작가들이 활발하게 활동하고 있었다.

생활비가 궁했던 장느레는 학창 시절에 책으로 만났던 장식가이자 포스터 디자이너인 그라세Eugène Grasset의 소개로 철근콘크리트 건물인 '프랭클린 2번가 아파트'를 설계한 페레 형제를 만났다. 장느레의 크로키 실력에 탄복한 페레August Perret는 그를 견습생으로 고용했다. 두 사람은 스승과 제자의 연을 맺었다. 장느레는 아파트 1층에 있는 페레의 사무실에서 '오랑 대성당'의 실시설계를 하면서 철근콘크리트를 공부했다. 당시 공식 건축교육기관이었던 에꼴 데 보자르는 여전히 양식 (style) 교육에 치중하고 있었다. 그래서 철근콘크리트는 토목업자에게나 필요한 재료 정도로 치부되던 때였다. 그러나 장느레는 이 재료에서 볼륨과 평면에서의 건축 개념을 바꿔놓을 가능성을 발견했다.

첫 번째 파리 여행을 하면서 장느레는 다른 곳에서는 찾을 수 없었던, 그에게 필요한 지적 자극을 받으며 문화적 해방감을 맛보았다. 그는 여행을 하면서 모든 영역에서 불화의 징조를 느꼈고, 새로운 시대가 왔음을 깨달았다. 또한 이제 철과

시멘트의 결합이 가져올 결과를 인식했으며, 뛰어난 명철함으로 자신의 삶과 미래를 예감했다.

1909년, 고향에 돌아온 장느레는 고등과 친구들과 '연합예술아뜰리에(Ateliers d'Art Réunis)'를 결성해서 일했지만 이듬해 4월 다시 독일로 떠났다. 그는 뮌헨에서 피셔Theodor Fischer 를 만났고 그를 통해 독일공작연맹(Deutscher Werkbund)⁵⁾의 주요 인물들과 교제했다. 비록 시기는 조금 달랐지만, 이때 장느레는 후일 자신과 함께 근대 건축의 세 거장으로 추앙받는 그로피우스Walter Gropius와 미스 반 데 로에Mies van der Rohe가 일했던 베렌스Peter Behrens의 사무실에서 5개월간 제도기사로 일하는 묘한 인연을 맺는다. 장느레는 좀체 베렌스에게 접근하기 어려웠고 파사드 그리는 것만 배웠다면서 관습적인 작업에 싫증내고 파리를 그리워했다.

그러던 중에 라쇼드퐁 예술학교가 장느레에게 독일 장식예술의 교육과 실행 상황에 대한 연구를 맡겼다. 이 연구를 하면서 그는 생산의 조건과 연계된 근대적 공업 미학을 정의하면서 독일 건축가들의 역동성과 역할을 명철하게 바라볼 수 있었다.⁶⁾

동방 여행

1911년 한 해를 장느레는 친구와 함께 유럽 중앙부와 그리스를 여행하며 보냈다. 산업 건축과 근대적 공법을 막 경험하

아크로폴리스 스케치
(Le temps de Le Corbusier, Herme)

고 난 다음 떠난 이 여행은 그에게 특별한 의미가 있었다.

장느레는 지중해 건축이 가진 매력에 흠뻑 빠져들었다. 그는 건축을 "정신의 순수한 창조물"로 정의하였는데, 그 대표적 예로 들었던 아크로폴리스 언덕의 파르테논 신전에서 깨달은 교훈은 결정적이었다. 그는 그곳에서 감동을 일으키는 기계, 명확하게 표현해서 이루어낸 통일성, 능통한 건설, 빛과 그림자의 조형물로 결정화된 가장 첨예한 순간이 빚은 무오하고 준엄한 윤곽, 수학적 질서가 주는 고차원적 감동에 대한 확신을 얻었다.

또한 이 여행은 공간으로서의 건축을 발견하는 과정이었다. 장느레의 스케치북은 크로키와 도해, 치수로 가득 찼다. 내부 공간을 분석한 것이 입면 그림보다 훨씬 많았다. 또한 건물 주위의 공간 이미지와 건물 이미지가 어색해 보이지 않는 투시도를 많이 그렸다.

장느레는 이 여행을 하면서 과학적으로 지중해식 주거 건축을 살펴보았다. 집 안의 공간과 일상생활에 필요한 가구들의 형태가 갖고 있는 본질적 특성을 보았다. 그는 이제 더 이상 아르누보 장식에는 매력을 느끼지 못했다. 나폴리와 로마를 둘러보고 여행을 마친 이 젊은 건축가는 근대 문명이 만들어 놓은 공간에는 조화가 부족하다는 점을 발견하고 '우리의 진보는 왜 이렇게 추한가?'라고 스스로에게 질문했다.

동방 여행 후 파리 정착까지

여행을 마치고 라쇼드퐁에 돌아온 장느레는 레플라트니에가 공업적 개념을 가진 예술가 양성을 목표로 세운 '신설과 (nouvelle section)' 교육에 참여했다. 그러나 라쇼드퐁에서는 그의 야심 찬 계획을 못마땅하게 여겨 반대했다. 1914년 레플라트니에가 사임하자 장느레도 학교를 떠났다.

1917년 파리로 떠나기 전까지 장느레가 수행한 저택 설계는 그의 새롭고 국제적인 감각을 보여준다. '팔레 저택'에서 사용한 복잡한 장식이 사라졌고, '파브르-자콥 저택(Villa Favre-Jacob)'(1912)에는 평면을 간결한 형태로 표현했다. '숍 저택(Villa Schwob)'(1916)에서는 두 층 높이의 개방된 살롱이 있어 특히 내부공간에 비상한 관심을 둔, 라이트Frank Lloyd Wright의 저택들에서 영향을 받은 듯한 평면과 페레 형제의 전례를 따른 것이 분명한 입면이 돋보인다. 그러나 장느레는 '숍 저택'의 공사비가 너무 많이 들어 골머리를 앓았다.

숍 저택(Le Corbusier, Ed. Glasnost)

11

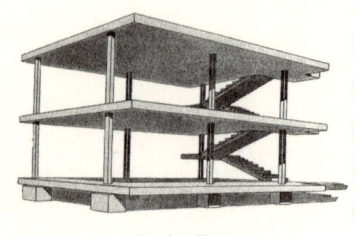

돔-이노 구조

1914년 제1차 세계대전이 일어났을 때 장느레는 플랑드르 지방[7]의 전쟁 후 재건을 위해 값싸고 표준화된, 기능들로부터 완전히 독립적인 골조를 고안하고 '돔-이노Dom-ino'라고 불렀다. 돔-이노는 르 코르뷔지에의 건축 연구가 본격적으로 시작되었음을 상징하는 중요 사건이다.

가로 6미터, 세로 9미터 치수에서 표준 기둥이 4미터 간격으로 떨어져 있어 양쪽은 캔틸레버로 1미터씩 바닥판이 튀어나와 있다. 이와 같이 쉽게 교체할 수 있는 대량생산된 표준요소들인 철근콘크리트 기둥과 슬래브, 계단만으로 이뤄진 골조로 집들을 다양하게 구성하는 것을 가능하게 했다. 이러한 발상은 건물의 하중을 외벽선 안쪽으로 물러서 있는 기둥들이 감당함으로써 내력벽이 없어져 평면을 자유롭게 구성할 수 있고, 입면 또한 원하는 곳에 창이나 문을 낼 수 있게 되었다. 이것으로 르 코르뷔지에 특유의 건축물을 만들 수 있었다.

'숍 저택'의 공사비 초과 문제로 시달리며 파리를 동경했던 30세의 장느레에게 미학적, 인간적으로 강한 자극이 된 동방 여행은 그로 하여금 일생동안 순수한 볼륨의 기하학이 무기질의 풍경과 조화되는, 간소한 삶의 방식의 장소인 강렬하면서도 절제된 공간을 구사할 수 있게 하였다.

대지주들의 사치스런 삶을 모방한 르네상스 시대의 건축 이래로 유럽의 건축은 허영과 과시에 젖어 있었다. 장느레는 동방으로 여행을 하면서 이러한 관습에 맞서 본질적으로 다른 새로운 공간을 창조해낼 영감을 얻었다.

순수주의 상징 시대

파리 정착과 퓨리즘

 1917년 장느레는 마침내 파리에 정착했다. 생계를 위해 파리 교외에서 벽돌 공장을 하는 등 힘든 시기를 보내던 그를 위로한 것은 그림 그리기였다.

 1918년 장느레는 페레의 소개로 자신의 사상과 의지에 목적과 방향을 잡아준, 파리 예술계에서 젊은 화가이자 비평가로 널리 이름이 알려졌던 오장팡Amédée Ozenfant을 만났다. 장느레는 오장팡의 권유와 격려로 그림을 그렸다. 그리고 함께 첫 번째 회화 작품전을 열고, 카탈로그 「큐비즘 이후*Après le Cubisme*」를 공동 집필했다.

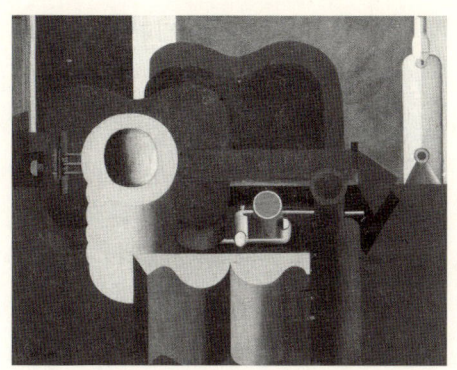

르 코르뷔지에, 「접시가 있는 정물화」, 1920년.

　그들이 보기에 큐비즘은 주관적이고 비합리적이며 현실, 특히 시사성과 동떨어진 예술로서 "큐비즘 화가들은 그들의 시대를 대표하는 예술가가 아니었다." 그들은 큐비즘이 회화를 막다른 골목으로 끌고 가며 '장식적' 예술이 되는 것을 경계했다. 큐비즘 대신 이성적이고 '질서정연하며' 또한 '구조적인' 예술로 퓌리즘Purisme을 제안했다.

　큐비즘 화가들은 투명성, 내·외부 공간의 상호 관입, 회화의 4차원 개념 도입 등 관념적 문제들에 관심을 갖고 있었다. 그러나 실제로 건축을 하는 장느레에게는 현실성이 없어 보였다. 그 시대의 가장 명확한 특징인 '산업적, 기계적, 과학적 정신에 입각해 엄격함, 정확성, 경제성을 미적 원리에 편입한 이 새로운 미학은 회화의 영역을 넘어 당시 활동들과 밀접한 상호관계 속에서 새로운 정신을 정의하고자 했다. 이렇게 퓌리즘은 단지 회화에서 새로운 방향을 정립하는 것뿐 아니라 '통합과 건설의 정신'인 '근대적 정신'의 특성이 드러나기를 원했다.

조형언어의 순수화 작업의 필요성은 회화적 공간을 제어하고자 하는 의도와 아울러 자연의 질서와 기계화된 세상의 질서를 표현하고자 하는 의도에서 유발한다. 장느레는 인간의 욕구 가운데 가장 고상한 것은 예술의 원인 그 자체인 질서에 대한 욕구라고 여겼다. 명료성과 순수성의 예술, 지적 질서의 감동을 불러일으키는 작품을 위해 근원적인 요소들을 선택하고 정돈한다. 이를 위해 퓨리스트들은 이론적으로 규명된 질서를 지닌, 명상을 통해 감동할 수 있는 평범한 물품들을 표현 대상으로 선택했다. 병, 유리잔, 식탁용 물병, 접시 같은 생활필수품이나 바이올린, 기타 같은 악기들이 그것으로, 이러한 평범한 물품을 화폭 위에 새롭게 표현하면 유리잔이 그냥 유리잔이 아닌 창조적인 선과 형태를 가진 다른 대상으로 보인다.

퓨리즘은 또한 "수학적 질서가 주는 감동의 유발"이 예술품의 첫째 기능임을 주장했다. "조형적 즐거움이란 모두 기하학의 체계에서 비롯됨"을 의미했다. 여기서 예술과 기계 세계의 연계성이 설정된다. 회화적 공간과 그림 속의 질서를 잡기위해 르 코르뷔지에는 기하학을 사용했다. 기하학이 "확실한 형태들의 조화"를 창조하여 전체에서의 구성적 시정을 불러일으키는 데 기여하기 때문이다. 이것은 르 코르뷔지에 건축의 특징이 되었다.

장느레는 퓨리즘 회화를 그리면서 투시화적 관습과 고전미술의 명암기법에서 벗어나 이미지를 구축할 수 있었다. 그는 1919년부터 1924년까지 그림을 그리면서 형태와 색채를 깊이 연구했다. 이것이 나중에 그가 건축물의 형태를 설정하는 데 큰 도움을 주었다. 르 코르뷔지에의 작품에서 볼 수 있는 형태와 건축적 형상의 풍부함과 명확함은 이 회화 작업의 산물임이 분명하다. 말년에 그는 자신의 삶에서 회화의 의미를, "내 예술적 창조의 비결은 1918년부터 날마다 그린 회화 작품에 있다. (중략) 내 연구와 지적 산물의 배경에는 끊임없는 그림 그리기가 있다. 여기서 내 정신의 자유로움, 내 불편부당함, 독립성, 성실함, 내 작품에서 완벽함의 원천을 찾아야 한다"라고 말했다.

『에스프리 누보』와 르 코르뷔지에의 탄생

1919년 장느레는 오장팡과 시인 데르메Paul Dermée와 함께 '새로운 정신'이라는 뜻의 잡지 『에스프리 누보L 'Esprit nouveau』를 창간해서, 한 해에 6호씩 28호까지(1920.10~1925.1) 발행했다. 잡지 이름은 1917년 11월에 열린 아폴리네르Guillaume Apollinaire의 강연회 이름에서 따온 것이었다. 창간호에 실은 "건축가가 상기해야 할 세 가지 교훈"에서처럼 장느레와 오장팡은 그들이 함께 작성한 건축 관련 논설에는 '르 코르뷔지에 -소니에Le Corbusier-Saugnier'라는 필명을 쓰기로 했다.

'소니에'는 오장팡의 어머니 이름이었다. 장느레는 자신이 철근콘크리트를 배운 페레와 어머니의 이름이 같았기 때문에 친척 중 하나인 르코르베지에Lecorbésier(또는 Lecorbézier)라는 이름에 붙어 정관사 르Le를 떼어내, 르 노트르Le Nôtre, 르 냉Le Nain 같은 귀족풍 이름을 만들었다.

창간호는 나오자마자 큰 인기를 끌었다. 장느레-소니에는 쏟아지는 인터뷰 요청을 출장 등의 핑계로 회피하였지만, 결국 장느레는 필명인 르 코르뷔지에로 회견을 하게 되었다. 이 때부터 그는 자신의 본명 대신 르 코르뷔지에라는 이름을 쓰게 되었다.

『에스프리 누보』는 단순한 예술 잡지의 한계를 넘어서 근대성을 표출하는 다양한 영역을 넘나들며 시대정신을 이끈 풍성한 담론의 장이었다. 최고 3,500부까지 발행된 『에스프리 누보』는 유럽 각국은 물론 멀리 미국과 일본에도 정기구독자가 있었다. 그중 4분의 1만 화가나 조각가 같은 예술가였고, 나머지는 건축가, 의사, 변호사, 교육자, 기술자, 기업인, 은행가 등 다양한 직업을 가진 사람들이었다.

1918년에서 1933년까지는 당시 사회 지도층들도 급변하는 사회와 경제의 새로운 원리들을 다방면으로 이해할 필요를 느낀 시기다. 이때 『에스프리 누보』가 이들의 공통 관심사를 충족시켜준 것이다.

매스미디어를 이해하는 능력을 타고났고, 시사성에 대해 탁월한 감각이 있었던 르 코르뷔지에는 이 잡지를 만들면서 건축 개념을 구상하고 또 실행했다. 그는 새로운 건축에 관한 글을 책임지고 있었는데, 좋은 글을 쓰기 위해 노력했다.

프랑스는 오스만Haussmann[8]과 제2제정시대(1852~1870) 이후 현대 도시 개발 정책을 세우지 못하고 있었다. 또한 도시 근교의 개발과 주택 개발 계획의 방향을 잡지 못해 위기에 빠져 있었다. 이런 상황에서『에스프리 누보』에 실린 르 코르뷔지에의 글은 획기적이었다. 당시의 건축이 건축가가 아닌 기술자들이 만들었다는 주장은 많은 논쟁을 일으켰다. 새로운 시공 기술을 제어하고 유용한 기능에 필요한 공간을 조직할 뿐 아니라 19세기 말의 다른 합리주의자들의 관점과 달리 순수한 아름다움에 도달하는 플라톤적 아름다움을 지닌 단순한 형태를 만드는 사람은 건축가가 아니라 기술자라는 논리였다.

때로는 너무 즉흥적이고 때로는 마치 스포츠 기사 같다는 비판을 들었지만, 가장 효율적이며 근대적인 서술 형식은 전 세계적으로 폭넓은 층의 독자들을 자극해 건축과 도시계획에 대해 관심을 갖게 만들었다. 또한『에스프리 누보』는 이후 르 코르뷔지에가 펴낸 중요한 저서들의 중심 내용을 담고 있었다. 그는 이 잡지를 통해 국제적 명성을 얻었고, 1920년대에 건축 설계 의뢰를 많이 받았다.

300만 거주자를 위한 현대 도시

1922년,『에스프리 누보』가 성공을 거두며 살롱 도톤Salon d'automne[9]에 초대된 르 코르뷔지에는 '시트로앙Citrohan 주택'

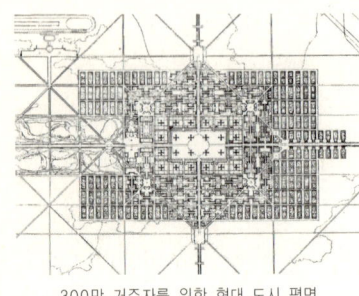

300만 거주자를 위한 현대 도시 평면

과 '300만 거주자를 위한 현대 도시' 계획안을 전시하여 분노와 열광을 동시에 불러일으켰다.

이 계획안은 늘어나는 자동차와 인구를 도시로 집중시키되 혼잡한 도심을 완화하고, 운송 체계를 개선하며, 더 많은 녹지 공간을 확보하는 것을 기본 원리로 삼았다. 중심부에 위치한, 전세 비행기가 뜨고 내릴 수 있는 활주로와 기차역 주변에 각각 만 명에서 5만 명이 근무하는 24개의 마천루 오피스 건물이 들어선다. 250미터 높이의 이 60층 건물들은 최대한의 채광을 위해 십+자 평면이다. 오피스 건물 왼쪽에는 박물관과 시청 등 공공건물이 있으며, 더 멀리에는 영국식 공원이 있다. 모서리나 둘러싸인 대지에 있는 공공주택지에는 정원이 있는 '빌라형 공동주택(l'Immeuble-villas)'을 지어 60만 명이 산다.

어느 날 르 코르뷔지에가 점심을 먹은 뒤 샤르트루즈 데마 수도원에서 보았던 기억이 떠올라 레스토랑 메뉴판 뒤에 스케치해 두었던 것을 구체화한 것이 '빌라형 복층 주택'이다. 이 주택에는 각자 개인 정원이 있어 어떤 층에 살아도 땅을 밟을 수 있으며, 당시의 도시 주거 밀도를 유지하면서 훨씬 좋은 도시 전경을 즐길 수 있었다. 그 너머의 정원 도시에는 250만 명이 거주하는데, 도심의 인구밀도는 기존보다 높아지는 반면에

20 르 코르뷔지에

300만 주거 현대도시 디오라마

이동거리는 짧아지고 교통수단은 빨라진다.

르 코르뷔지에는 특정한 부지를 생각하지 않고 보편적으로
적용할 수 있는 표준 환경을 설정하고자 했다. 그리고 사회학
적으로 인구 증가와 교통 혼잡, 비위생적 생활환경 등을 분석
한 통계치를 근거로 도시 중심부의 이용 밀도를 높임과 동시
에 거리를 푸르게 만들고자 했다. 중심 지구의 95퍼센트를 녹
지로 조성해 도시의 폐 역할을 할 뿐 아니라 시야가 멀리까지
펼쳐지는 공간을 구상했다.

르 코르뷔지에는 이 계획안에서 강력한 축을 설계했는데,
축은 그의 정신과 아름다움의 기본 원칙이었다. 그는 축은 인
간이 시도한 최초의 표현으로서 건축은 축에 따라 확립된다고
믿었다. 그에게 목적을 갖고 똑바로 걷는 인간의 길은 직선이
었다. 구불구불한 길은 낭만적이고 시대착오적이라고 생각했
다. 새 시대의 빠른 속도와 교통이 가능한 직선은 지향해야 할
산업사회의 이데올로기와도 일치했다.

자동차의 흐름은 보행자와 분리되었다. 제일 지하층에는 장

거리 철도역, 그 위에는 교외 철도와 지하철, 지면에는 보행자 길, 그 위에는 고속 교통, 가장 위에는 공항을 계획했다. '복도형 도로'와 건강에 나쁜 폐쇄적인 안뜰이 사라지고 공기와 빛이 풍부하다. 이 현대 도시 계획안은 3년 후에 발표되는 '파리 부아쟁 계획(le Plan Voisin de Paris)'과 더불어 규모에서나 개혁적 발상에서 전례를 찾아볼 수 없을 만큼 과감했고, 이후 르 코르뷔지에가 지치지 않고 남아메리카나 북아프리카의 도시들을 위해 제시하는 도시 계획의 기초 원리를 담고 있었다.

에스프리 누보관과 파리 부아쟁 계획

1925년 파리에서 열린 장식예술박람회 때 르 코르뷔지에가 설계한 '에스프리 누보관(le Pavillon de l'Esprit Nouveau)'은 1922년에 계획했던 '빌라형 공동주택'의 복층형 한 세대와 '파리 부아쟁10) 계획'을 선보인 로톤다 형식의 전시관으로 구성되었다.

이 '에스프리 누보'는 르 코르뷔지에가 평생 투쟁해온 아카데미즘과 실제로 갈등하게 되는 초기 사례다. 그가 장식예술박람회의 프로그램을 "잘못된 조화, 날조, 속임수"라고 비난하면서 무시하고 거주성 개혁이라는 별도의 프로그램으로 제안하면서 내놓은 것이 에스프리 누보관이었다. 그러자 주최측은 전시관 주변에 나뭇잎 색을 칠한 6미터 높이의 담장을 둘러쳤다. 르 코르뷔지에는 항의했고, 드 몬지Anatole de Monzie 장

에스프리 누보관 외관(Le Corbusier, Centre Pompidou)

관이 중재에 나서 박람회가 시작된 지 3개월 후에야 전시관을
개관했다. 부동산 회사인 STIE는 표준화된 재료들을 체계적으
로 사용해서 진정한 의미의 공업 생산품이라 할 수 있는, 120
세대가 모인 빌라형 공동주택에 호감을 갖고 르 코르뷔지에와
독점권 계약을 맺었으나 결국 실현되지 못했다.

파리 부아쟁 계획은 '300만 거주자를 위한 현대 도시' 개념
을 파리라는 실제 도시에 적용한 것이다. 르 코르뷔지에를 반
대하는 사람들은 1922년과 1925년에 그가 만든 계획안을 빌
미로 그가 야만적이고 냉혹하며 인습타파주의자며 그리스도
의 적이라고 모욕했다. 극우파인 프랑스 파시즘은 그를 레닌
의 앞잡이며 파괴자로, 극좌파인 프랑스 공산당은 그를 '위대
한 밤'[11]을 질식시키는 프랑스 자본주의의 앞잡이라고 비난했
다. 파리의 고풍스럽고 낭만 있는 가로들을 쓸어내고 그 위에

거대한 마천루가 즐비한 현대 도시를 건설하려는 그의 사고에 혐오감을 드러낸 것이다.

르 코르뷔지에는 이에 대해 "파리가 무엇인가? 파리의 아름다움이 어디에 있는가? 파리의 정신은 무엇인가?"라고 반문했다. 루브르궁, 팡테옹, 에펠탑, 몽마르트르 언덕의 성심성당, 개선문과 노트르담 대성당 같은 역사적 기념물들은 마땅히 보존해야 한다고 강조했다. 그리고 훌륭한 유적들이 파리의 명성을 만든 만큼 다시 전 세계가 파리를 주목하게 만들기 위해서는 다른 도시들을 계몽할 건축적 사건을 파리에서 제대로 창조하고 일으켜야 한다고 주장하였다. 파리에게서 다시 시대를 선도한 역사적 몸짓을 기대한 것이다.

도시계획을 아름답게 만드는 것이 아닌 '설비' 개념으로, 조경이 아닌 '도구' 개념으로 고찰한 르 코르뷔지에의 제안은 공상가가 상상하는 차원이 아니라 구체적 실행 방안까지 갖추고 있었다. 이 계획안에는 사람의 몸을 기준으로 한 주거단위 상세 계획, 건축적 개혁의 시급한 문제, 100미터에 이르는 투시도를 포함한 1922년의 연구, 파리 업무지구 계획 및 유물이 잘 보존되어 있는 역사적 파리를 포함해서 뱅센느Vincennes부터 마이오Maillot에 이르는 파리 전체를 표현한 100㎡에 달하는 도시 계획이 들어 있었다. 이 계획안은 이후 부에노스아이레스처럼 너무 빠르게 성장해서 무질서하고, 교통 문제 때문에 골치를 썩고 있는 대도시들이 지닌 근본적인 문제를 전체적으로 해결하려는 제안의 근간이 되었다.

저술 활동을 통한 근대건축 정신 전파

르 코르뷔지에는 1923년 『에스프리 누보』에 실린 논평들 가운데 발췌한 글들을 묶어 현대 건축 역사에서 가장 중요한 책이라고 할 수 있는 『건축을 향하여』를 발간했다. 이 책은 80여 년이 지난 현재까지도 여전히 건축인의 필독서로 인정받고 있다. 근대 건축의 최고 거장으로 추앙받는 르 코르뷔지에가 젊은 날에 가졌던 개혁적 사고를 고스란히 담고 있으면서 오늘날에도 여전히 우리에게 늘 '깨어 있기'를 요구하기 때문이다.

1908년 로스Adolf Loos는 「장식과 죄악」이라는 유명한 논설에서 유사 이래로 인간과 끈끈한 관계를 맺어온 장식에 치명타를 날렸다. 그의 생각을 이어받아 르 코르뷔지에는 토목공학의 성취물이라 할 수 있는 곡물 저장탑이나 교량 같은 구조물이 보여주는 '기술자의 미학'과 독일공작연맹의 연감에서 새로운 산업 시대의 주요한 기술적 구성원으로 이미 인정받은 바 있는 대형 여객선, 비행기, 자동차 같은 기계화된 수송수단에서 새로운 시대의 양식이 이미 존재하고 있음을 확신했다.

현대 건축 비평가 프램턴K. Frampton이 말한 것처럼, 『건축을 향하여』는 자신의 후반기 건축 작품에서 전개되는 개념의 이중성, 즉 실험적 형태를 통해 기능상의 요구를 만족시키기 위한 절박한 요구와 감각에 영향을 미치고 지성을 풍부하게 할 추상적 요소들을 사용하려는 자극을 명료하게 하고 있다.

르 코르뷔지에는 『에스프리 누보』를 발간하기 위해 제조 업자들이 만든 많은 공업 카탈로그와 광고 팸플릿, 신문과 잡지의 기사들을 수집했다. 이런 '일상적 이미지'의 참고자료들은 『건축을 향하여』에서는 물론이고 1925년에 발간한 『도시계획』『오늘날의 장식예술』『근대 회화』『근대 건축 연감』 등에 활용되었다. 그 결과, 평범한 글쓰기가 아니라 일상적 이미지를 모아 이미지-이미지 또는 이미지-텍스트로 구성해 논쟁을 유도해나갔다. 20세기 초 많은 전위 예술가들이 그러했던 것처럼 광고 기법에서 받은 영감을 글쓰기에 적용한 것이다.

『건축을 향하여』와 『르 코르뷔지에 전작품집』 8권은 '건축의 바이블Bible'로 평가받고 있다. 『건축을 향하여』에서는 번번이 문법을 무시하고, 얼음처럼 차가운 지성과 천재의 번뜩이는 감성, 혁명적 예술가의 열정이 넘쳐나는 선언적 문장으로 썼다. 여러 가지 뜻을 담고 있고 과격한 단어를 자주 사용하고, 문법을 무시한 독특한 화법이 어우러진 웅변은 읽는 사람의 마음을 꿈틀거리게 했다. 역사의식에 기초하여 현상에 대해 올바른 진단을 내리고, 당연하게 여기던 기존 문화에 과감하게 도전하는 진취적 기상과 새로운 건축을 향한 르 코르뷔지에의 혜안은 수많은 언어로 번역되어 젊은 건축가들의 "보지 못하는 눈"을 밝게 열었다.

1930년에 처음 출판되었지만, 근대 건축이 성립한 기간으로 간주하는 1920년대에 르 코르뷔지에가 품었던 건축적 사고의 근원을 보여주는 문헌으로 『프레시지옹』이 있다. 앞에서 말한 책들이 르 코르뷔지에의 건축과 도시를 위한 이론적 전제이자 사고의 출발이었다면, 『프레시지옹』은 이 책을 발간하기 전에 구상했거나 경험한 사실에 관한 포괄적이면서도 구체적인 방법론을 담고 있다. 1930년 이전까지의 르 코르뷔지에의 건축에 대한 생각이 가장 집약적으로 나타나 있는 중요한 책이다.

1929년, 대표작 가운데 하나인 '사부아 저택(Villa Savoye)'을 설계할 무렵 르 코르뷔지에는 아르헨티나 예술동호회의 초청으로 남미를 방문해 열 번의 강연회를 가졌다. 『프레시지옹』은 프랑스로 돌아오는 배에서 강연회에서 강의한 내용을 정리한 원고이다.

남미 방문은 그의 작품에도 영향을 미쳤다. 추상적 탈물질화와 기하학적 형태를 특징으로 하는 1920년대와 달리 재료의 노출과 유기적 형태가 두드러지게 변화를 맞은 것이다. 다른 지역과의 접촉이 그의 지성과 감각을 자극했기 때문이다. 이는 그가 대상을 배타적으로 대하지 않았다는 것을 보여준다.

『프레시지옹』은 현대적 생활 방식 때문에 생긴 문제를 해결하기 위해 혁신을 주장한다. '새로운 건축의 5원칙' '네 가지 건축적 구성' '복도형 도로의 폐지' '가구에 관련된 현대적 개념' 등의 주요 개념들은 오늘날에도 건축 담론에서 큰 몫을 차지하고 있다.

르 코르뷔지에의 상징건축 언어와 이론, "끈기 있는 탐구"

　1922년을 기점으로 르 코르뷔지에는 '오장팡 아뜰리에' (1922), '라 로슈-장느레 저택'(1923), '레만 호숫가 부모님 주택'(1924), '쿡 저택'(1926), '쉬르슈 저택'과 '스탱 저택'(1927) 및 '플라넥스 저택'(1927) 등 많은 개인집을 설계하기 시작했다. 그의 전반기 건축 특성은 일일이 설명하기에 너무나 방대해서 여기서는 그의 여러 작품들에 공통으로 나타나는 언어와 그것을 설명하는 이론적 배경을 개략적으로 살펴보고자 한다.

좌로부터 쿡 저택, 스탱 저택, 오장팡 아틀리에(Le Corbusier, Skira)

새로운 건축의 5원칙

1920년대 르 코르뷔지에가 독창적 건축을 할 수 있었던 것은 그가 1914년에 제안했던 돔-이노 골조가 건물의 하중을 벽이 아닌 기둥이 받게 하고, 이 기둥을 파사드보다 1미터 안쪽으로 끌어들인 착상 덕분이었다. 비로소 외벽은 내력벽의 과중한 역할에서 해방되었고 원하는 곳에 창을 낼 수 있었다.

제1차 세계대전의 후유증을 치료하기 위해 저가의 주택을 대량생산하는 목적을 지녔던 돔-이노 골조는 그러나 실제로는 일정 규모 이상의 저택에서 사용됐다. 새로운 건축에 대한 르 코르뷔지에의 연구는 '시트로앙 주택 계획안'(1920)에서 옥상정원 개념이 먼저 등장하고, '라 로슈-장느레 저택' 이후로 건물을 땅에서 떨어진 기둥 위에 얹힌 필로티pilotis 개념이 적용되면서 구체화되기 시작했다. 그러다가 1927년 독일공작연맹의 초청으로 슈투트가르트의 바이센호프Weissenhof 시범주거단지12)에 주택 두 채를 설계할 때를 즈음하여 '새로운 건축의

29

5원칙'으로 정리되었다.

(1) 필로티(Les pilotis)

흐린 날이 많은 유럽 날씨에 환기가 잘 안 되는 중정형 전통 주거의 단점을 보완하고 주거층을 습기로부터 보호하기 위해 근대 기술을 이용, 건물을 지면과 띄우고자 필로티 사용을 제안했다. 이 경우 경사지에서는 옹벽을 쌓는 데 드는 많은 비용을 절약할 수 있고, 짧은 시간에 건축할 수 있으며 자연 경사지의 흐름을 깨지 않는 이점이 있다.

평지에서는 아이들이 비 오는 날 집 아래에서 놀 수 있는 공간을 만들 수 있고, 자동차를 주차할 수도 있다. 빛과 공기가 건물 아래로 흐르고 앞뜰과 뒤뜰이 하나로 연계된다. 건물을 세우면서 덮여버린 지면의 손실(도시 면적의 약 40%)을 가장 적게 해 교통 등에 활용할 수 있게 한다. 미학적으로는 단순한 백색 입방체가 "건축 밑면의 완전무결한 선" 위에 떠 있어 보이지 않는 중력의 존재를 느끼게 한다.

(2) 옥상 테라스(Le toit-terrasse)

1층을 필로티로 띄워서 생긴 면적 손실을 옥상에서 만회하여 일광욕을 즐기고 휴식 장소로 활용하자는 것이다. 르 코르뷔지에는 여름에는 덥고 겨울에는 추운, 파리 전통주택의 다락방에 사는 하인들의 열악한 삶을 언급하곤 했다. 그에게 수정 프리즘(Crystal Prisme)의 가장자리에 있는, 옥상정원의 난간

이 만드는 깨끗한 윤곽은 "현대 기술이 거둔 가장 감탄할 수 확물"이었다.

방수층을 보호하고 태양빛을 차단하며 바람에 날린 씨앗이 싹을 낼 수 있도록 옥상을 얇은 흙으로 덮을 것을 제안하고 옥상정원을 장려했다. 오늘날에는 옥상을 여러 용도로 적극 활용하는 것이 보편화되었지만, 방수기술이 발달하지 못한 당시로서는 상당한 용기가 필요한 제안이었다.

(3) 자유로운 평면(Le plan libre)

이 개념은 건물의 하중을 내력벽이 아닌 기둥이 감당함으로써 단절성, 폐쇄성, 고착성의 상징인 벽이 연속성, 개방성, 가변성을 보증하는 칸막이로 바뀌게 하여 근대적 공간성을 가능하게 했다. 과거에는 위층과 아래층의 벽을 똑같이 나눠야 했기 때문에 공간 손실이 많았던 약점을 이제 해소할 수 있게 되었다.

(4) 수평창(Le fenêtre en longueur)

이 개념은 파사드 면에서 뒤로 물러난 기둥들이 건물의 하중을 감당함으로써 자유로워진 파사드에 창을 수평적으로 길게 내어 수직적 창보다 더 자연광을 많이 받아들이고 파노라마적인 전경을 즐기자는 취지에서 제안되었다.

르 코르뷔지에는 이 수평창의 미학과 기능성에 대해 페레와 유명한 논쟁을 벌였는데, 사진 필름이 감광되는 원리를 인

용해 유입되는 빛의 양과 바닥판의 밝기 정도를 과학적으로
증명하며 자신의 논리를 펼쳐나갔다. 창 넓이가 같은 경우, 수
평창의 방에서는 수직창의 방과 비교해 "감광판을 4분의 1만
노출해야 한다"는 것이다.

(5) 자유로운 파사드(La façade libre)

수평창을 고안한 이유와 똑같은 이유로 제시했다. 내부와
외부의 기능적, 미적 필요를 감안하며 건축가가 마치 회화의
화면처럼 파사드의 원하는 곳에 문과 창을 질서 있게 만들 수
있다는 것을 보여준다.

조정선

르 코르뷔지에는 화가 세잔느Paul Cézanne처럼, "기본적 형태
들은 명확하게 인식할 수 있기 때문에 가장 아름답다"고 생각
했다. 더 이상 장식을 많이 사용해 흉한 외관이 아니라 기술자
들이 그러하듯, "기하학으로 우리의 눈을, 수학으로 우리의 정
신을 만족시키면서 기하학적 형태를 이용"할 것을 주장했다.
엄격한 프로그램에 따라 작업해야 하는 기술자들이 형태를 만
들고 규정하는 선을 사용하여 명쾌하고 인상적인 조형물을 창
조하는 것을 본받자는 것이다. 이렇듯 기하학으로 조정한 기
본적 형태의 단순미는 1920년대 르 코르뷔지에 건축의 표상
이었다.

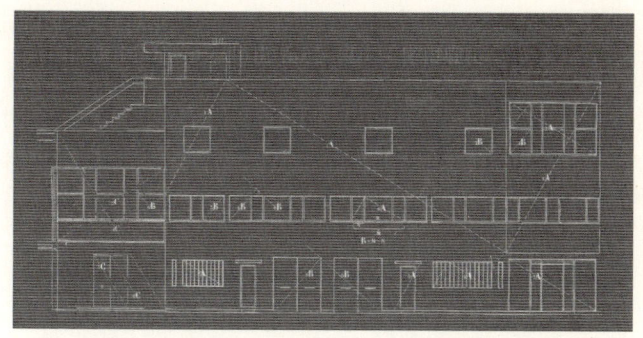

라 로슈-장느레 저택 파사드에 적용된 조정선(Le Corbusier, Abrams)

건물의 외부가 장식의 굴레와 구조적 제약에서 벗어나 자유로운 파사드가 가능해진 상황에서 르 코르뷔지에는 파사드 구성에 대해 "독단에 대항하는 보증"으로, "질서를 통해 정신을 만족하게 하는 수단"으로 '조정선(Les tracés régulateurs)'을 제안했다. 그는 이미 파리의 노트르담 대성당이나 로마 카피톨 언덕의 주피터 신전, 베르사이유 궁의 프티 트리아농 같은 고전 건축 걸작들의 파사드에서 이 개념이 적용되었음을 확인했다. 그는 '숍 저택' '오장팡 아틀리에' '라 로슈-장느레 저택' 등의 초기 주택 계획에서 이미 파사드의 전체 높이와 너비의 비율, 주요 부분의 분할, 창과 문의 위치 및 크기 결정에 조정선을 활용했다. "비율의 발명과 채움과 비움의 선택"으로 시적 창조물을 만들고자 한 것이다.

이는 '황금분할'을 기초로 한 파사드 정돈법으로서 서로 직각을 이루며 만나는 대각선들의 유희, 수평선들 간에 1, 2, 4

와 같은 산술적인 질서 관계에 기초를 둔 수학적 정돈을 추구
했다. 그 결과 파사드는 전체를 이루는 모든 부분들과 조화를
이룬다. 이 조정선은 건축뿐만 아니라 회화, 조각 같은 조형적
구성의 비례도 아주 정확하게 한다. 평면이 필요해서 창조한
파사드에 직면해 이러한 채움과 비움의 배치에서 질서를 부여
하려는 시도는 단지 감각으로만 제어할 수 있다. 조정선이
"목적을 위한 수단이지 어떤 비법이 아니다. 그것의 선택과
표현 방식은 건축적 창조에서 없어서는 안 될 부분"이기 때문
이다.

　"건축의 구성은 기하학적이며 주로 시각적인 질서다. 그것
은 양과 관계의 판단이며 비율의 감상이다. 비율은 느낌을 불
러일으킨다"는 르 코르뷔지에의 말처럼 이 조정선은 눈으로
쉽게 인지할 수는 없지만, 그의 건축에서 상호관계들 속에 잠
재된 질서를 느낄 수 있는 단순한 상자형 건물에서도 건축적
품위와 아름다움을 느끼게 하는 원천 중 하나다.

가구의 모험

　르 코르뷔지에가 주택 계획을 해결할 방법을 찾다가 내린
결론은 '새로운 건축의 5원칙'과 함께 "거추장스러운 가구 대
신에 내부가 잘 짜인 수납장"이었다. 가구 문제를 해결하지
않고는 모든 노력이 허사가 된다는 것을 알았던 그는 "가구는
사회적 지위를 알리는 수단"이라는 부르주아적 생활 태도에

C. Perriand과 함께 1929년 살롱 도똔 전시회에 출품한 아파트 가구
(Le Corbusier, Hazan)

젖어 육중하고 큰 가구가 방의 주인이 되고 사람은 주변을 돌아다니는 세태를 꼬집었다. 현대인이 더 이상 거추장스러운 옛날 옷을 입지 않듯이 현대 주택에서 가구는 소모품이므로 표준 기능, 표준 요구, 표준 목적, 표준 크기에 관한 연구를 통해 기능성, 효율성, 순수한 선을 지닌 단순성을 추구했다.

르 코르뷔지에는 인간이란 일상적이고 규칙적인 생활을 하는 존재이므로 공통된 척도를 찾아 의자와 테이블 외에는 모두 붙박이 수납장으로 해서 가장 적합한 위치에 적정한 크기의 '주거 설비'를 장치하자고 주장했다. 그는 경우에 따라, 테이블이나 심지어 침대까지 콘크리트로 만들어 고정했다. 언뜻 과격해 보이기까지 한 이러한 시도는 그러나 가구를 면밀하게 관찰한 결과였다.

1925년의 '에스프리 누보관' 이후 르 코르뷔지에의 주택에서 가구는 더 이상 집주인의 개인적 취향으로 선택하는 인테리어 대상이 아닌 건축가와 상의할 필요가 있는 건축 대상이 되었다. 붙박이 가구의 위치와 모양은 건축가가 추구한 내부 공간성의 지속과 내부 동선에 따른 장면 연출에도 기여했다.

건축을 할 때 건물 외부와 내부 설비를 일치하게 만들고자 하는 집념은 근대 건축가들의 공통된 태도였다. 르 코르뷔지에가 말년에 휴가를 보낸 곳은 편안하게 쉴 수 있도록 아주 작게 설계한 캅 마르탱의 오두막이었다. 검소함에 대한 관심보다는 "주택은 살기 위한 기계(La maison est une machine à habiter)"라는 신념이 몸에 밴 실천이었다.

주택, 살기 위한 기계

1921년 『에스프리 누보』에 나오는 "주택은 살기 위한 기계"라는 표현은 적잖은 논란을 불러일으켰다. 보수적인 아카데미 회원들은 "부동성, 가족의 보금자리"의 상징인 주택과 기계를 연계시킨 것에 혐오감을 드러냈고, 진보적인 전위 예술가들은 "서정성에 빠져 살기 위한 기계를 배반했다"고 비난했다.

르 코르뷔지에는 건축적 선례에서가 아닌 논리적이고 정확하며 가장 효율적인 기계면서 자신이 보기에 아름답기까지 한 비행기, 배, 자동차 같은 이동 가능한 기계들에서 얻은 교훈을 잊지 않았다. 사람의 몸을 기준으로 한 주거 단위에 대한 깊은 관심으로 기존의 모든 주택과 관습적 거주 방법을 잊고 주택 안 생활의 새로운 조건들을 '새로운 정신'으로 냉정하게 연구한 것이다.

앞서 본 '새로운 건축의 5원칙', 내부 설비 개념으로의 가구, 대량생산 주택에 대한 연구 등은 그가 "주택은 살기 위한 기계"라고 주장하는 근거이자 결과였다. 그는 주택이 "작업할 때 신속하고 정확하게 하기 위해 효과적인 도움을 우리에게 주는 기계이자 신체의 요구, 즉 안락함을 만족시키기 위한 근면하고 세심하게 배려된 기계"면서 또한 "명상하기 편리한 장소며, 최종적으로 아름다움이 존재하고 없어서는 안 될 정신적 평안함을 가져온다"고 했다. 주택이 "명상, 미의 정신, 이를 통제하는 (또한 이 아름다움의 버팀목이 될) 질서에 관계되는 사람을 위한 것"이 될 때 비로소 건축이 될 수 있다는 것이다.

건축적 산책

앞서 말한, 1920년대에 르 코르뷔지에가 설계한 주택 대부분은 화가, 조각가, 음악가, 예술 작품 수집가 등 『에스프리 누보』에서 감명 받은 근대 예술 옹호자들이 발주했기 때문에 르 코르뷔지에는 자유롭게 실험적 건축을 시도할 수 있었다. 그들의 문화적 주체성을 견고히 하고 사회에 강하게 드러내려는 욕구를 이러한 새로운 건축이 충족시켜준 것이다.

르 코르뷔지에의 새로운 시도는 건물의 외관 이상으로 내부공간 개념에서도 독창성을 발휘했다. 전통적 석조 건물의 내력벽에서 벗어난 주거 공간은 이제 기능과 아름다움을 동시에 경험하는 장소가 되었다. 동선을 물리적으로 정돈한 결과로 나온 '건축적 산책(la promenade architecturale)' 개념은 1920년대 르 코르뷔지에의 주택 작품에서의 아름다움을 경험할 수 있는 비결이었다.

그가 "건축적 즐거움을 일으키는 수백 개의 연속적 지각"이라고 설명하는 이 건축적 산책은 내부공간에서 연속으로 받은 시각 자극으로 인해 공간적 경험을 함으로써 건축 전체를 이해하기를 기대한다. 라 로슈 저택, 쿡 저택, 스탕 저택 등에서 시점 변화에 대응한 공간의 순차적 전개는 이미 심도 있게 연구되어 많은 후배 건축가들의 공간 구축 방법론으로 활용되었다.

르 코르뷔지에는 자연광을 중시하여 장소를 밝히는 일차적 임무를 넘어 빛이 동선을 동반하거나 가야 할 곳을 알려주는 지시자 역할을 하게 했다. 그가 건축한 건물 내부를 걸어보면 그가 말한, 존재하는 오브제들 사이에 있을 수 있는, 수학적 평형 상태로 연결된 정확한 긴장을 뜻하는 '형언할 수 없는 공간(l'espace indicible)'의 의미를 이해할 수 있다. 순로 곳곳에서 공간의 순차적 방향성, 다양한 빛 유입, 면과 볼륨의 유희, 투명성과 불투명성 간의 대비 등으로 '감흥'을 일으키는 장면들이 면밀하게 기획되어 펼쳐진다. 빛으로 인도되는 공간 연속체로서의 근대적 공간의 진면목을 보여주는 것이다.

건축의 네 가지 구성법

르 코르뷔지에의 '건축의 네 가지 구성법'은 1935년에 그려
졌지만 이미 1920년대에 설계된 주택들의 공간 구성 유형을
설명한다.

첫째 유형은 '라 로슈-장느레 저택'으로서 필요한 공간들
이 수평적으로 모여 있는 구성법이다. 르 코르뷔지에는 이것
을 그린 후 "차라리 쉬운 유형이다. 그림과 같이 변화가 있다"
라고 적었다. 필요에 따라 실들을 덧붙여 나가는 방법이므로
구성하기가 쉽고, "미리 정해진 어떤 우세한 질서"를 따르지
않는다. "각 기관이 유기적 이유에 따라 옆으로 퍼져 나가 다
양한 형태를 만든다."

둘째 유형은 '스탱 저택'
처럼 직육면체의 순수한 프
리즘 형상으로 르 코르뷔지
에는 이를 "가장 어렵다.
(하지만) 정신을 만족시킨다"
라고 적었다. "절대적으로
순수하고 단단한 외피 안에
서" 기능을 충족하면서 좋
은 공간성을 확보하는 것은
어렵지만, 스스로 부여한
한계 내에서 정신적 힘을

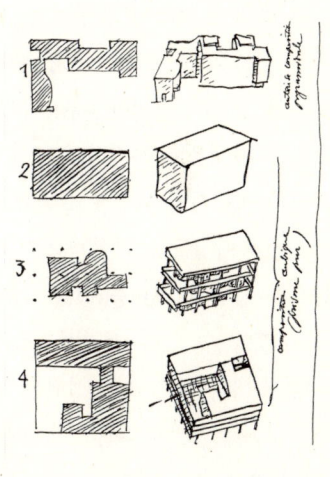

건축의 네 가지 구성법

발산해 달성했을 때의 기쁨은 크다는 의미일 것이다.[13]

르 코르뷔지에가 "아주 쉽다. 실용적이며 조합가능하다"라고 적은 셋째 유형은 '카르타주 저택'(1928)처럼 돔-이노 이론에 따라 기둥이 받치고 있는 슬래브 위에 자유롭게 내부 공간을 구성하는 방식이다. 이 유형은 "골조가 드러나며 망상 조직 같은 간단하고 명백하고 투명한 외피를 가진다. 층마다 형태나 치수가 다른 방들로 구성된 유용한 공간을 만들 수 있다" 구성은 쉽고 가능성이 풍부한 이 유형의 평면 구성은 마치 퓨리즘 회화를 보는 듯하다.

"매우 관대하다. 외부에서 건축적 의도를 입증한다. 내부에서는 모든 기능적 요구를 충족시킨다"라고 적은 넷째 유형은 '사부아 저택'으로서, 1층은 셋째 유형이, 2층에서는 첫째와 둘째 유형이 결합된 유형이다. 르 코르뷔지에가 대개의 경우 부정적 시각으로 보는, 첫째 유형의 그림 같고 "쉬운" 특징은 사부아 저택의 엄격한 외피 속에서 내부의 기능에 따른 형상 요구를 자유롭고 적절하게 포용한다. 그 결과 첫째 유형처럼 지극히 맥락적인 구성에서 둘째 유형처럼 매우 정제된 구성까지, 또한 이것들을 복합적으로 적용해서 외관상 엄격하고 추상적인 입방체면서 풍요로운 내부 공간을 지닌, 20세기 건축을 대표할 수 있는 걸작이 탄생했다.

이 주택의 네 가지 구성법은 "자기 작품을 끊임없이 반복해서 해석해봄으로써 이미 일어난 일들에 대한 자각을 진보의 밑거름으로 삼는" 르 코르뷔지에의 지적 순환을 보여준다.

'페삭 집합주거단지'와 '국제연맹청사 현상설계안'

르 코르뷔지에는 몇
몇 아방가르드 건축주들
의 저택을 설계하는 동
안에도 표준화를 통한
대량생산 주택 건설 연
구를 계속하고, 국제연
맹청사 건설을 위한 현

페삭 집합주거단지(Le Corbusier, Universe)

상설계에도 참가했다. 그는 '모놀Monol 주택 계획안'(1919), '시
트로앙 주택 계획안'(1920, 1922) 등의 연구를 해서 보드로의
대기업가 프뤼게Frugès가 의뢰한 여섯 채의 '노동자 주택'(1923)
과 '표준최소주택 계획안'(1924)에 이어 보르도 근처의 페삭에
50여 채의 집합주거단지(1924~1926) 건설까지 진행했다. 대량
생산의 실험실로서, 근대적 도시계획의 사례로서 제대로 된 규
모의 집합주거단지를 만들 기회를 얻은 것이다.

르 코르뷔지에는 철근콘크리트 표준보의 길이를 감안한
5x5미터 넓이의 단층 구조를 기본 모듈로 잡아, 옆으로 2.5모
듈로 늘리고 복층으로 만든 후 한 모듈의 아래는 필로티로, 위
는 테라스로 개방한 복층형 한 세대 주거를 만들어서 세 세대
를 지그재그로 연결했다. 전통적 공법을 떠나 사업 목적으로
주거를 건설하는 건축가와 건축주들의 보수적 관행을 개혁하
려던 이 시도는 어렵게 성사되었지만, 신식 조립식 공법을 이

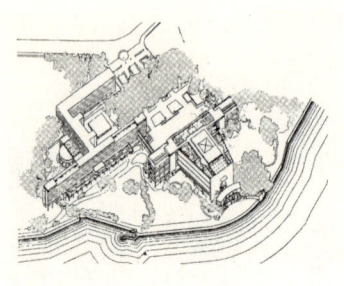
국제연맹청사, 1927년

해하지 못한 지역 건설업자의 무능함, 당국의 비협조로 인한 용수 부족, 지나치게 비싸진 공사비로 인한 높은 집값, 공급면적의 축소 등으로 인해 기술적, 기능적, 재정적 측면 모두에서 실패했다. 이 경험은 건설 부문에서 공업 생산, 기계화, 분업의 규범을 주의하지 않고 바꿔서는 안 된다는 교훈을 남겼다.

페삭이 완공된 이듬해인 1927년, 제네바에 있는 국제연맹청사를 건립하기 위한 현상 설계에서 르 코르뷔지에는 동점 일등으로 당선되었으나 결국 배제되었다. 먹 대신 인쇄용 잉크를 썼다는 것이 탈락한 이유였지만 르 코르뷔지에는 협회 및 정부와 가까운 기관의 수뇌부가 아카데믹한 사고를 하고 있기 때문이라고 항의했다.

그는 1928년 저서 『주택-궁전』에서 이 사건을 다루었다. 이 책은 옥상정원, 필로티, 수평창, 유기적 평면 계획 등 국제연맹 청사에 적용한 개념들을 설명하고 있다. 일생동안 보수적인 건축 단체들과 투쟁했던 르 코르뷔지에는 기존 세력으로부터 끊임없이 질시를 받고 배격당했다. 이 사건은 초기에 일어난 사례인데, 그는 페삭에서 실패한 것과 달리 초대규모의 건물을 공장이나 도시계획, 주택이나 가구를 설계하는 것과 똑같은 방식으로 작업했던 것으로 위안으로 삼았다.

빌라 사부아

르 코르뷔지에는 이런 쓰라린 경험을 거쳐 당시까지 그가 숙고해온 건축적 사고가 고스란히 녹아 있는 작품인 '사부아 저택'으로 1920년대를 마감했다. '네 가지 구성법' 가운데 종합적 유형인 넷째 유형에 속하는 이 저택은 '새로운 건축의 5원칙'이 모두 적용되었고, 내부로 진입하면서부터 옥상정원으로 올라가는 길은 '건축적 산책'의 모범 사례다.

일종의 전망대 같은 팔라디오A. Palladio의 '빌라 로톤다Villa Rotonda'처럼 과수원을 향해 펼쳐지는 '빌라 사부아'는 거의 정사각형인 평면에 세 부분으로 나눈 구조가 수평으로 또 수직으로 볼륨을 분할한다. 1층은 집 아래로 돌아와 자동차를 안에 주차할 수 있도록 만든 "유기적인" 곡선형 평면이다. 현관 오른쪽의 완만한 경사로를 통해 응접실과 침실이 있는 2층으로 올라갈 수 있다. 지하부터 옥상정원까지 공간을 관통하는 왼쪽의 나선계단은 그 자체로 1층의 곡면 수평창 너머로 보이는 풍경을 배경으로 한 오브제다.

주변 경치와 빛이 충분히 들어올 수 있도록 하기 위해 상자의 가장자리에 배치한 여러 방들은 또한 빛이 퍼져나가는 2층의 '들린 정원'을 중심으로 모이고 열려 있다. 들린 정원에서 바깥으로 나와 옥상 테라스에 있는 일광욕장으로 가는 경사로

사부아 저택 정면

는 수평·수직 중심의 구성 체계에서 사선의 시각적 아름다움을 보여준다. 옥상 일광욕장에서 북풍을 막는 울타리는 떠 있는 건물과 하늘의 조화를 보여주고 내부 공간의 부드러움을 드러낸다.

중심부에 자리 잡은 경사로는 보는 이의 마음속에서 아주 대조적인 조망의 조각들을 구축하고 병렬시킨다. 산책이 끝나는 옥상에서도 수평창과 경사로 이동로를 통해 내부와 외부를 조망한 것처럼 사람으로 하여금 "전경을 보게 하는" 장치가 있다. 오늘날의 환경 예술처럼, 옥상 구조물은 공간을 닫고 열고 돌리면서 방문자가 전경을 다양하고 새롭게 해석할 수 있도록 해준다.

르 코르뷔지에는 이 저택을 "일상적으로 기능하는" 주택이라기보다는 주말을 보내려는 사람을 위한 "기술로 생산한 시詩"로 생각하고, 여기서 아직 시험해보지 않은 모험적인 기술

들을 적용했다. 시대를 앞서 나간 시도를 한 건물로 건축주는
실생활에서 그리 행복하지 못했지만, 앙드레 말로는 일찍이
이 건물의 가치를 알아보고 프랑스 국가 문화재로 지정했다.

대규모 상징 작업과 도시 계획

'센트로소유즈 건물'과 '스위스 학생관'

르 코르뷔지에는 1927년까지 사촌인 피에르 장느레Pierre Jeanneret와 단둘이 작업하며 전통적 건축을 비판하고 새로운 개념을 발전시키는 데 힘을 쏟았다. 이때까지의 작업은 그가 처음으로 작업한 큰 규모의 건물이었던 '국제연맹 청사를 위한 계획안'에서처럼 이후 다가올 더 큰 규모의 일을 준비하기 위한 방법을 연구한 소중한 경험이었다. 르 코르뷔지에 대신 국제연맹 청사 현상 설계에 당선된 건축가가 자신의 개인적 당선을 "야만에 대항한 아름다운 승리"로 여긴다고 공언함으로써 르 코르뷔지에는 아카데믹한 주류들을 신랄하게 공격할 수 있는 빌미를 얻었다.

그 덕분인지 1928년 르
코르뷔지에는 유럽 국가로
봐서는 반체제적인, 볼셰비
키 기관인 소련 협동조합의
본부인 '센트로소유즈Centr-
osoyuz 건물' 현상설계에 당

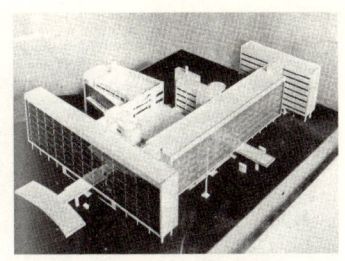

센트로소유즈 빌딩 모형
(Le Corbusier, Hazan)

선되었다. 르 코르뷔지에가 이 큰 규모의 건물을 맡은 이유는
그를 찬미하고, 근대 건축이 성취할 수 있는 것을 그가 소비에
트 민중에게 보여주기를 원하는 베스닌Vesnin 형제와 긴스부르
그M. Ginsburg 같은 소련 아방가르드들의 역할이 컸다. 『에스프
리 누보』에 타틀린V. Tatlin의 '제3세계를 위한 기념탑' 같은 러
시아 구성주의 작품을 소개하는 등 르 코르뷔지에가 프랑스와
러시아 공산주의자들과 평소에 유지해온 긴밀한 관계가 빛을
발한 것이다.

르 코르뷔지에는 혹한의 겨울을 견뎌야 하는 이 건물의 주
파사드를 전면 유리로 계획하면서 완벽하게 밀봉된, 과학적으
로 제어된 환경을 누리는 건물을 꿈꿨으나 거절당했다. 유리
나 석재로 만든 두 피막 사이에 18℃의 공기를 불어넣은 '중
화벽'으로 지역과 기후에 구애받지 않는 단 하나의 집, 정확한
호흡을 가진 집을 제안했던 것이다.

동선 설정에 가장 유의하면서 도로면으로는 단순한 상자형
선형 건물 세 개를 ⊔형으로 배치하고 뒤쪽에는 국제연맹 청

스위스 학생관 외관(Le Corbusier, Skira)

사처럼 최선의 음향 효과를 보기 위해 단면과 평면을 그대로 형태화한 오디토리움을 배치했다. 단순한 형상의 사무 공간이 대지의 가장자리에서 건물과 도시 맥락과의 관계를 맺으며 조형적 형상인 오디토리움을 자유롭게 부유케 하는 스크린 역할을 하는 것이다.

자국에서 열린 국제연맹 청사 현상 설계에서 르 코르뷔지에를 떨어뜨린 것이 미안했던 스위스 대학 위원회도 1930년 그에게 파리 대학기숙사촌에 세울 '스위스 학생관' 설계를 의뢰했다. 그런데 이 건물은 토질에 문제가 있었고 예산도 적었다. 그는 학생들이 사용할 방을 튼튼한 콘크리트 필로티 위에 들어 올리고, 입구와 공용 공간, 관리인 공간, 계단과 엘리베이터를 같은 동선 공간으로 만들기 위해 옆으로 떼어 내어 유기적인 두 부분으로 분리했다.

이전 작품들과 달리 유리, 돌, 콘크리트 같은 여러 재료들이 다양하게 사용되었다. 필로티는 돔-이노 이론에 따른 것으로 파사드 설정과 내부 구획에서 자유를 가져다주었다. 기숙사 방은 1940년대 말 '위니테 다비타시옹Unité d'habitation'(주거 단위)에 그가 다시 적용한, "병걸이 안의 병" 개념에 따른 하나의 독립된 공간으로 건설했다.[14]

구세군 회관

1932년 르 코르뷔지에는 파리시 구세군으로부터 집이 없는 사람들을 수용할 '구세군 회관' 설계를 의뢰받았다. 여기서 그는 다시 한번 어려운 대지 모양과 선례가 없었던 프로그램, 매우 빡빡한 예산 문제에 직면했다. 최소 단위로 기능을 구분하고 별개의 볼륨으로 나뉜 공공 영역과 무주택자들이 쓸 방이 있는 사적 영역으로 나눠지는 건물을 세우기 위해 그는 여기서도 돔-이노 체계를 적용했다. 면적을 배분하기 위해서였지만, 맨 위 두 층은 파사드의 각도와 약간 어긋나게 배치된 더 작은 단위로 세분되어 당시 기준으로는 매우 특이했다.

이 건물은 두 가지 중요한 기술적 혁신을 보여준다. 하나는 1928년에 개발된 유리블록을 사용한 점이다. 르 코르뷔지에는

구세군 회관(Le Corbusier, Skira)

샤로Pierre Chareau가 자신의 유명한 '유리집'을 유리블록으로 시공하는 것을 날마다 출근길에 눈여겨보았다가 구세군 회관을 지을 때 이 재료를 사용했다.

다른 하나는 높이 16.5미터, 길이 57미터인 남쪽 커튼월이다. 르 코르뷔지에가 이룬 가장 중요한 기술적 혁신은 '센트로소유즈 건물'에서처럼 완벽하게 조절된, 당시 주거 건물에서는 적용한 적이 없는, 환경 시스템으로서의 건물 개념이었다. 그러나 너무나 생소한 기술로 시공했기 때문에 공사가 지연되어서 대통령이 준공 테이프를 끊은 날은 30년 만의 강추위가 몰아닥친 날이었다. 르 코르뷔지에 스스로는 테스트를 잘 통과했다고 기록하고 있지만 나중에 건물에 심각한 문제들이 많이 생겼고 단열이 잘 되지 않아서 여러 번 보수를 해야 했다.

큰 규모의 계획안

1930년은 르 코르뷔지에가 프랑스로 귀화하고 43세의 늦은 나이에 1922년부터 교제했던 Y. 갈리Yvonne Gallis와 뒤늦게 결혼한, 신분에 큰 변화를 맞은 해다. 그는 아내를 "따뜻한 마음과 의지, 순결함과 단정함을 지닌 고상한 여인, 36년간 가정을 지킨 수호천사"로 회상했다.

르 코르뷔지에는 말년을 보내다 숨지고 함께 묻힌, 캅 마르땡 지역 출신의 이 사랑스런 여인을 아내로 맞은 때를 전후하여 여러 건의 규모가 있는 건물들의 계획을 의뢰받았다.

센트로소유즈 건물과 스위스 학생관, 구세군 회관 외에 오랜 연구 과정의 산물로서 기둥과 보와 유리창의 정밀한 조립 단위에 기초한 철골구조로 공업화된 기술을 이용하여 건설된, 1970년대의 부동산 투기 여파로 철거 위기에 몰렸으나 르 코르뷔지에 친구들의 도움으로 보존할 수 있었던 제네바의 '클라르테 공동주택'(1930)이 있다. 또한 그가 8층과 9층에 살면서 개인 아틀리에를 꾸며 수많은 회화와 조각 작품을 생산했던 '넝제세 에콜리Nungesser-et-Coli 공동주택'(1933)과 실제로 지어지지는 않았지만 알제리의 '뒤랑Durand 주거단지 계획안'(1933)이 있다.

'스위스 학생관'을 계획할 즈음에 르 코르뷔지에는 소련 정부로부터 모스크바의 '소비에트 궁전(Palais des Soviets)'(1931) 건설을 위한 현상설계에 초대받았다. 이 계획안은 1,500명의 공연자들이 앉을 수 있는 넓은 무대와 15,000개의 객석을 가진 거대한 홀을 포함한 사무실, 도서관, 레스토랑, 6,500명을 수용할 두 번째 오디토리움과 소규모 홀 등을 갖추어야 했다. 이 작업은 거대한 집합체를 구성하는 것으로 마치 해부학적 기관이나 기계 부품을 조립하는 것과 비슷했다.

르 코르뷔지에는 ①구조, 골격, ②기관, 공간들의 모임, ③동선, 경사진 통로, 경사로, 복도, 계단 요소로 이 단지를 분석했다. 건물의 복잡한 동선을 해결하는 것이 가장 급선무였다. 그는 이 복합 단지의 형태를 수학적으로 치밀하게 계산하여 새로운 시대의 진리의 상징인 자연 형태의 장엄함에 비견되

소비에트 궁전 모형 사진(Le Corbusier, Skira)

는 "나무랄 데 없는 조화"와 장려함을 지닌 건물을 만들기를 열망했다. 그러나 그의 계획안은 공장처럼 생겼다고 비판받았다. 결국 이탈리아 르네상스 풍의 계획안이 당선되었지만, 놀랍게도 그는 아무런 불평도 하지 않았다. 사회주의 국가를 구축해나가는 소련의 입장을 이해했고, 제4차 근대건축국제회의(CIAM)를 모스크바에서 열기 위해 교섭하고 있었기 때문이다.

근대건축국제회의

1928년, 건축 예찬자인 드 만드로de Mandrot 부인의 초대로 르 코르뷔지에가 주도해서 8개국 25명의 건축가와 함께 산업 자본가, 정치인, 예술가, 비평가들이 스위스의 라 사라La Sarraz 에 모였다. 그들은 현대 건축의 문제를 명백하게 표명하고 근대 건축 사상을 제시하며, 이 사상을 경제적이고 사회적인 전문 서클에 침투시켜 건축의 문제가 실현되도록 보살피는 것을 목적으로 CIAM을 발기했다.

　당시 아카데믹한 전통에 사로잡혀 있던 주류에 대항하던 일부 건축 선각자들은 공통 행동지침이 될 만한 국제적 강령 없이 개인적으로 혹은 소수의 그룹으로 활동하는 형편이었다. 1927년의 '국제연맹 청사' 현상 설계 소동의 피해자였던 르 코르뷔지에는 이러한 아카데미즘에 대처할 공동 노력이 필요하다고 생각했는데, 여기에는 건축가뿐만 아니라 예술, 경제, 정치 지도자들의 인식이 먼저 변화해야 한다고 여겼다.

　제1차 회의 때 르 코르뷔지에가 준비한 작은 책자와 패널을 중심으로 심층 토론 후 발표한 '라 사라 선언'을 보면 르 코르뷔지에의 전략과 이후 CIAM의 방향을 이해할 수 있다.

　르 코르뷔지에가 제안한 토론 내용은 다음과 같다.

　①철과 콘크리트 구조가 주거에 커다란 엄청난 자유와 새로운 요소들을 제공했다. ②이러한 새로운 사건을 인정해야만 우리가 건축의 전통적 방식을 포기하고 새로운 건축 수단을 갖출 수 있다. ③새로운 건축 수단은 표준화를 통한 공업화, 주거 평면의 개혁, 근대적 위생의 요구에 동의하고 새로운 건축적, 구조적, 미학적 체계의 기본을 형성하며, 새로운 도시계획의 발의를 정상적이고 효과적으로 제공한다. ④(중략) ⑤근대 기술에서 태어난 새로운 구조 체계의 결과인 건축적 통일성에 이를 수 있다.

　제1차 CIAM 회의에서 1930년 제3차 회의까지는 주로 사회주의 신념을 지녔던 독일어권 신즉물주의(Neue Sachlichkeit)[15] 건축가들이 중심이 되어 최소 주택 문제와 가장 효율적인 토지 및 대지 사용을 위한 적정 높이와 인동간격 문제를 다루었다.

1933년에 열린 제4차 대회부터 1947년 제5차 대회까지는 주로 르 코르뷔지에가 주도해서 도시계획과 주택 및 여가 문제를 다루었다.

1930년 제3차 브뤼셀 회의에서 결성된 '현대건축문제 해결을 위한 국제위원회(CIRPAC)'는 여러 도시를 공통적 기준에 따라 비교분석할 수 있는 시스템을 만들어냈다. 1933년 모스크바에서 열릴 예정이던 회의가 무산되자 재빨리 마르세이유와 아테네를 오가는 배 위에서 '기능적 도시'를 주제로 열린 제4차 회의에서는 CIRPAC이 설정한 기준에 따라 33개 대도시를 분석한 결과를 바탕으로 도시계획 헌장의 원칙들을 정했다.

1941년 르 코르뷔지에는 자신의 평판이 도리어 여기서 주장하는 사상들을 위태롭게 할지 모른다는 우려 때문에 익명으로 '아테네 헌장'을 발표했다. 제4차 회의에서 미래의 도시계획에서 중시해야 할 사항으로 주거, 여가, 노동, 교통이 정리되었는데, 르 코르뷔지에의 주거, 교통 및 관리 중시 사고와의 연관성을 가늠해볼 수 있다. '아테네 헌장'에는 이 네 가지 항목에 과거의 양식을 차용하지 않으면서 기계 시대에도 보존할 가치가 있는 개별적 건조물이나 도시를 보존하자는 제안이 덧

붙여졌다.

1949년의 제7차 회의부터 CIAM 초기의 유물주의를 이겨내고 기능적 도시의 추상적 단조로움을 초월하려는 시도가 나타났다. 그러나 근대건축국제회의는 1953년 제9차 대회부터 분열할 조짐이 보이기 시작했다. 팀 텐Team X으로 알려진 젊은 건축가 그룹이 아테네 헌장의 네 가지 기능적 분류에 도전하여 "소속감"이 있고 식별성이 있는 개별 주거와 도시의 필요성을 역설했다. 르 코르뷔지에는 1956년 CIAM의 마지막 제10차 대회에 보낸 편지에서 젊은 건축가 그룹의 의견이 옳다고 인정하며 CIAM은 해산하고 팀 텐이 승계할 것을 공인하였다.

1930년대의 도시계획과 '빛나는 도시'의 신화

큰 규모의 건물 계획안이 많았던 이 시기에 르 코르뷔지에는 또한 도시와 지역 문제에 대해 자신이 새롭게 발전시킨 이론을 적용할 기회를 찾고 있었다. 프랑스에서는 별로 희망이 보이지 않자 그는 강연이나 건물 설계를 할 기회를 이용해 가능성과 추종자가 있다고 생각한 러시아와 아르헨티나, 브라질, 미국, 알제리 등지를 여행하며 대규모 도시계획 프로그램을 제안했다.

비록 실현되지는 않았지만 그의 아이디어는 전 세계로 퍼져나갔다. 탐구자로, 학생으로, 자신의 지적 보물창고를 위한

리오데자네이루 도시계획 연구안
(Le Corbusier, Skira)

새로운 오브제 수집가로 그는 이러한 여행을 끊임없이 공부하는 기회로 삼았다. 러시아에서는 전위 건축가와 예술가들로부터, 아프리카에서는 지역적 건축에서 아이디어를 얻었다.

르 코르뷔지에는 1929년에 남아메리카 대륙에서 강연 여행을 할 때 있었던 일을 『프레시지옹』에 자세히 기록해놓았다. 르 코르뷔지에의 비행기를 조종한 조종사 가운데 한 명이 소설 『어린 왕자』를 쓴 셍텍쥐베리였다고 한다. 그는 소형 비행기를 타고 광대한 남아메리카 대륙 전체를 횡단하며 강과 대륙의 생물학적이고 유기적인 특성과 각 도시의 수준과 지형과의 관계를 파악할 수 있었다.

새처럼 하늘을 날면서 아이디어를 얻은 르 코르뷔지에는 그동안 자신이 연구해온 '빌라형 공동주택' '부아쟁 계획'의 지그재그형 배치, 돔-이노 체계, 필로티, 옥상 정원, 자유로운 평면과 파사드 같은 개념들과 당시 여행에서 포착한, 로마식 수도교와 대양 횡단 여객선의 개념이 재결합된 원형을 조화시켜 많은 기능이 들어 있는 거대한 선형 구조물을 창안했다.

지상 30미터에서 시작해 100미터 높이까지 올라가는 선형 거대 구조물의 맨 꼭대기에는 도시와 도시를 시속 100킬로미터의 속도로 잇는 고속도로가 있다. 그 아래에는 엘리베이터와 복도를 이용해 이동할 수 있는 집들이 있는데, 거의 소음도 들리지 않고 공해와 습기도 없이 햇빛과 바람이 충분히 들어오고, 멋있는 전망을 즐길 수 있다.

강연 여행에서 르 코르뷔지에는 도시가 바다와 하늘을 향해 개방되기를 원하며 부에노스아이레스와 상파울루, 리우데자네이루에 이러한 거대 구조물이 있는 도시계획안을 제안했다.

이 강연 여행이 계기가 되어 르 코르뷔지에는 1936년 브라질 정부 초대를 받아 자신을 추종했던 브라질 건축가 코스타L. Costa와 니메이어O. Niemeyer와 함께 '공공교육성 청사'를 설계했다. 여기서 그는 '소비에트궁을 위한 현상 설계안'에 제안했던 위풍당당한 홀 계획을 더욱 장대하게 확장해 다시 사용했다. 이때 사용한 차양은 5년 뒤 알제리의 수도 알제에서 더욱 발전된 형태로 나타난다.

르 코르뷔지에는 남아메리카를 방문한 이후부터 제2차 세계대전이 한창이던 때까지 거의 해마다 알제리의 수도 알제를 방문해서 그 지역의 건축과 도시계획에 큰 영향을 미쳤다. 그는 알제를 남아메리카나 소련처럼 잠재력과 문제점이 공존하는, 그래서 새로운 건축적 아이디어를 적용할 수 있는 곳으로 여겼다. 그 자신이 1937년 알제 지역 계획위원회 위원으로 임명되었으며 동조 세력도 많았다.

그는 마치 고대 로마의 계단식 관람석이 지중해를 바라보고 있는 것처럼 지중해를 향해 계단식으로 열린 도시를 만들고 싶었다. 당시 알제의 인구는 25만 명이었는데, 시간이 지날

알제 도시계획안(Le Corbusier, Skira)

수록 빠르게 늘어나고 있어서 문제가 되었다. 난국에 처한 알
제를 위해 르 코르뷔지에는 도시를 확장할 수단을 모색했다.
알제 갑岬의 끝단에 업무 지구를, 당시 접근할 수 없는 지역인
황제의 성채에 주거 지역을 두고 알제의 양단에 있는 두 외곽
지역을 남아메리카에서 고안했던 선형 거대 구조물로 연결하
기를 제안했다. 지상 60미터에서 90미터까지의 이 콘크리트 구
조물에는 18만 명이 살게 된다. 이때 그가 그려놓은 스케치들
은 제2차 세계대전 이후 하브라켄J. Habraken이나 당게K. Tange
같은 많은 후대 건축가들에게 영향을 미쳤다.

1922년 계획안에서 변화를 맞은 이유는 르 코르뷔지에가
모스크바에 거주하는 동안 소련에서 진행한 연구와 프로젝트
의 영향 때문이다.

동서 양 방향에서 햇빛을 받는 긴 복층형 단위 주거를 위주
로 3개 층마다 하나씩 있는 내부 가로로 연결되는, 방 하나부
터 여섯 개까지 있는 다양한 크기의 주거가 하나의 상자형 볼

룸에 끼워져 있는 아이디어는 긴즈부르그나 베스닌 형제, 나르콤핀Narkompin 등의 계획안에 나온다. 그리고 1935년 발표한 르 코르뷔지에의 저서 『빛나는 도시La Ville radieuse』에서도 나오고, 이후 '위니테 다비타시옹'에서 실제로 적용한 것을 확인할 수 있다.

소련의 극심한 주거 문제 해결을 위한 이러한 최소 주택(바닥 면적 $20m^2 \sim 30m^2$) 발상에서 르 코르뷔지에는 도시 주거의 질적 개선과 안락함을 위한 공간적 해결책을 찾았다. 그는 여기서 최선의 조명, 최고의 방음 효과, 전면 유리를 통한 아름다운 전망, 스포츠와 아이들을 위한 시설에 할애된 자유로운 지면을 얻을 수 있는 새로운 주거 건축의 즐거움을 추구했고, 낭비적인 정원 도시를 거부하면서 '사는 즐거움'을 위해 '자연 조건을 회복한' 조직화되고 밀도 높은 도시를 기대했다.

1922년의 '300만 거주자를 위한 현대 도시 계획안'에서는 업무지구가 주거지역에 둘러싸여 있고 공장들은 외곽으로 밀려났다. 교통은 도심에서 직교하는 두 축을 따라 연결되었었다. 그러나 『빛나는 도시』는 선형 조직을 위해 이러한 중심 지향적 계획을 포기했다.

"유기적 삶은 중심 지향적 방의 원초적 단계를 지나 발전하면서 하나의 축을 따르고, 하나의 방향성을 취하며, 하나의 목표를 지시한다"라고 르 코르뷔지에는 기록했다. 도시의 "생물학적 발달"은 축을 따라 횡적으로, 축 양편에서 자유롭게 전개되는 것이다.

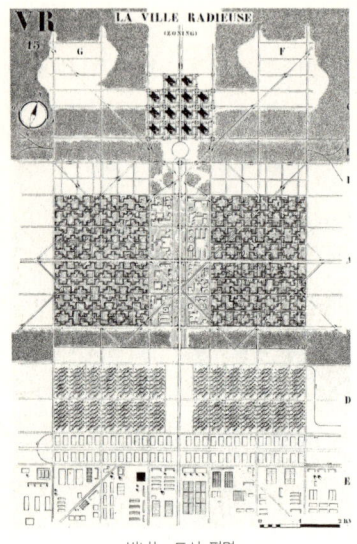
빛나는 도시 평면
(Le Corbusier, Skira)

1934년 알제주州의 한 도시인 느무르Nemours를 위해 르 코르뷔지에는 제4차 CIAM의 결의에 대응한 모범적 원형으로 여긴 '5만 거주자를 위한 도시계획안을 제안했다. 그의 계획안은 분리된 동선 켜들을 위계적으로 놓는 것이었다. 관통도로는 지상 12미터 높이에 두었는데, 거기에는 상가와 창고가 통합되었다. 그 아래에는 인도와 뒤섞인 지방도가 있다. 마지막으로 장거리 수송 수로와 철로가 있다. 각 '위니테 다비타시옹'은 『빛나는 도시』의 원리에 따라 분산된 채 기후 조건에 호응하여 남-북 방향으로 지어졌으며, 그 배치는 지형에 영향을 받은 도로망과는 완전히 독립되었다.

르 코르뷔지에는 이외에도 1933년 '바르셀로나 마시아 계획안'과 '에스코강 좌안 도시계획안', 1925년 '뉴욕에 대한 연구' 등 거대 규모의 도시계획을 열정적으로 추진했다. 그것은 전례가 없이 길고 높은 거대 구조물이 자연과 도시를 횡단하는 획기적이면서도 충격적인 방안이었다. 1922년의 현대 도시계획안이 구도심의 중요한 역사적 건물들을 그대로 둔 채 교통과 환경, 업무와 생활의 질 향상을 염두에 두고 평지에 전반적인 수술을 한 것이라면, 남아메리카나 북아프리카에서는 유럽에 비해 상대적으로 문화적 중압감은 덜하지만 지형 변화가 큰 구도심의 기존 골격을 유지한 채 고대 로마의 수도교처럼 대지를 가로지르는, 교통과 주거 문제를 동시에 해결하는 선형 구조물을 제시한 것이다.

그러나 최신 기술로 엄격하게 기능을 분리하고 지역을 특성화하는 것이 삶이 엉키고 쌓여서 형성되는 도시에 가장 바람직한 개선책인가를 생각해보지 않을 수 없다. 르 코르뷔지에는 브라질 리우의 가난한 흑인들이 사는 모습에서, 이스탄불의 터키인에게서, 알제의 빈곤지역인 카스바에서 무사태평함, 그리고 생활용품의 부족을 이해하는 지혜와 내적 명상 능력과 솔직함을 발견하였다. 그리고 그들이 아주 좋은 위치에 집을 지으며 놀랄 만큼 근사한 풍경을 볼 수 있도록 큰 창과 비좁지만 충분히 효율적인 방을 만든다는 것을 알아볼 줄 아는 밝은 눈을 가졌다. 비록 때로 기존의 도시를 파괴하는 사람으로, 또는 현대 도시를 메마르게 만든 원흉으로 비난받지만 그는 결코 작은 것과 자연스러운 것을 소홀히 여기지 않았다.

당시 시대 상황이 낳은 르 코르뷔지에의 도시계획은 그가 표준화, 대량생산, 효율성이 난폭하지도 극악하지도 않으며 오히려 질서, 완전성, 순수함, 자유로 이끄는 대안으로 여겼음을 보여준다. 그는 심각한 도시문제가 눈앞의 이익과 그때그때의 미봉책으로 사회를 더욱 혼란스럽게 할 때 조화롭고 질

서 있는 세계로 인도하고자 하였다. 자연과 공간을 인간에게
돌려주고 속도를 회복해 살기 좋고 경쟁력 있는 도시를 꿈꾼
것이다.

권위의 모색

프랑스가 독일에 함락된 제2차 세계대전 기간과 종전 후의 혼란기에도 르 코르뷔지에는 권력층과 꾸준히 접촉을 하면서 자신의 아이디어를 실현할 기회를 찾았다. 그는 프랑스가 함락되기 직전 정부에게 파리 6구 비위생 구역의 재건 계획안을 건의했고, 1937년의 국제박람회에서는 '새로운 시대의 전시관'을 건설하여 '파리 37 계획'을 전시했다.

1938년, 그는 알제리를 위해 최종적으로 '마린 구역을 위한 마천루 계획안'을 제안했지만 1942년에 정중히 거절당했다. 알제리를 위한 일곱 번의 계획이 모두 실패로 끝난 것이다.

르 코르뷔지에는 1941년 독일이 세운 괴뢰정권인 비시Vichy 정부에 합류해 라투르느리Latournerie 위원회의 작업에 참여했다. 그곳에서 그는 주거와 국토개발에 대한 자신의 아이디어를 받아주기를 바라며 비시에서 18개월간 체류했다. 권력과 타협하는 모습을 본 반 파시즘파인 CIAM 친구들은 그에게서 등을 돌렸다. 멋진 브리즈 솔레이유brise soleil(차양)를 가진 높이 150미터의 이 참신한 고층건물은 결국 건설되지 못했지만, 16년 후 폰티Gio Ponti와 그로피우스Walter Gropius 등에 의해 다른 장소에 비슷한 스타일의 건물로 지어졌다.

마린 구역을 위한 마천루
(Le Corbusier, Skira)

1943년, 르 코르뷔지에는 전후 재건에 대비하기 위해 '건축적 쇄신을 위한 건설자들의 모임(ASCORAL)'을 설립했다. 1944년에는 레지스탕스 조직에서 비롯된 '국립 건축가 전선 도시계획 위원회'를 주재했다. 국제적 명성은 그에게 이러한 주요 단체를 결성하고 이끌어갈 수 있는 저력을 주었지만, 실제 전후 복구를 위한 작업에서는 교묘하게 따돌림을 당했다. 1945년에서 1946년 사이에 제안한 생 디에Saint-Dié, 생 고당 Saint-Gaudens, 라 로쉘 라 팔리스La Rochelle-La-Pallice 재건을 위한 계획안 모두 실현되지 못했다.

위니테 다비타시옹

르 코르뷔지에가 여러 도시계획안에서 『빛나는 도시』의 개념에 따라 각 동棟의 원형으로 제시한 '위니테 다비타시옹'은 주거단지를 이루지 못한 채 그의 본래 의도와 달리 프랑스와 독일의 여섯 도시에 한 동씩만 건설되었다. 1945년, 재건 및 도시계획성의 첫 장관이 된 도트리R. Dautry가 마르세이유의 위니테 다비타시옹 건설을 그에게 의뢰한 것은 우연이 아니었다. 두 사람은 오래전부터 알고 지내던 사이였다. 장관은 근대 건축의 교리를 잘 이해하고 있었고, 르 코르뷔지에는 이미 준비된 프로그램을 갖고 주거 건설 분야에서 국가의 혁신 의지를 멋지게 보여줄 수 있었기 때문이다.

반면에 첫 계획안을 파리에서 멀리 떨어진 마르세이유에 짓기로 결정한 이유는 확실하지 않다. 전쟁 때 심하게 파괴된 대서양 연안 도시 르 아브르Le Havre 같은 거대한 재건 현장에서 그를 멀리 보내려는 정치적 음모와 무관하지 않을 것이다. 공산당이 우세한 마르세이유 같은 지역에 새로운 주거 단위 개념으로 1930년대에 알제리에서 이미 고안된 실험적인 집을 한번 지어보라는 것이었다.

르 코르뷔지에는 도시와 건축이라는 두 차원에서 프랑스 집합 주거의 문제에 대한 새로운 해답을 모색했다. 기계 문명 사회의 새로운 세대를 위한 주택으로서 ①개인의 독립성과 가족 단위의 편의성, 세대의 독립성을 각각 충족할 것, ②건설

마르세이유 위니테 다비타시옹 외관
(Le Corbusier, Abrams)

부재의 규격화와 공업생산을 통한 건설 기술 향상, ③기술에 의한 조립시공력 향상으로 건설 시간을 줄이고 원가를 파격적으로 낮추는 것을 시도했다.

여기에는 필로티 위에 얹힌 길이 130미터, 높이 56미터의 장방형 콘크리트 볼륨에 독신자부터 자녀가 6명이 있는 가족까지 살 수 있는 23개의 다양한 평면을 가진 337세대가 들어 있다. 중간층에는 식료품 상점, 호텔 객실, 세탁소, 약국 등의 서비스 시설이 있고, 옥상 테라스에는 보육원과 유치원, 옥상의 내·외 운동 공간, 일광욕장, 카페테리아, 저수탱크, 환기탑, 300미터의 조깅 트랙 등이 있다. 공장 생산된 조립식 판으로 구성된 세포인 각 호의 구조는 철근콘크리트 골조와 완전히 독립되어 설치되는데, 각 세대는 골조 사이의 절연재 위에 얹힌다. 기본 유형으로 구성된 세대는 부엌, 부모 침실, 자녀방의 세 부분으로 나뉘어 공장에서 제작되고 현장에서 조립되는 것이다.

건축사협회에서는 현행법을 어겼다고 항의하고, 위생고등위원회와 프랑스 미학협회도 이 건물을 철거할 것을 요구하는 소송을 제기했지만, 이 건물은 1952년 완공 때까지 재건성장관이 일곱 번이 바뀌었음에도 마침내 준공되었다. 낙성식 때 르 코르뷔지에에는 레지옹 도뇌르 훈장을 받았다.

마르세이유 위니테 다비타시옹의 주민들은 지금까지 큰 자부심을 갖고 건물을 깨끗이 운영하고 있다. 엄청난 무게가 느껴지는, 거칠지만 단순한 콘크리트 볼륨을 받치는 근육질의 튼튼한 필로티, 다양한 세대가 표출하는 파사드를 절묘하게 정리하는 차양의 운율, 다양한 색상의 발코니 측벽, 일직선의 수평난간 위에 떠오른, 용도가 있는 다양한 오브제들이 아름다운 실루엣을 만드는 옥상 테라스는 이곳이 건축적 실험의 장임을 알리며, 엄격함과 유연함이 공존하는, 기술이 가져다주는 시적 감흥을 불러일으킨다.

공중에 떠 있는 상자 안에 다양한 단면을 조합할 수 있었던 것은 고립과 공동생활이라는 반대 명제가 공존하는 수도원과 밀집되어 있으면서도 편리하고 효율적인 여객선 선실에서 아이디어를 낸 결과다. 서비스 상가들도 모두 쉽게 분양되었다. 주거, 노동, 교육, 교통의 엄격한 기능 분리를 완화시키는 갖가지 기능의 새로운 혼합이 시도된 것이다. 옥상 테라스에 올

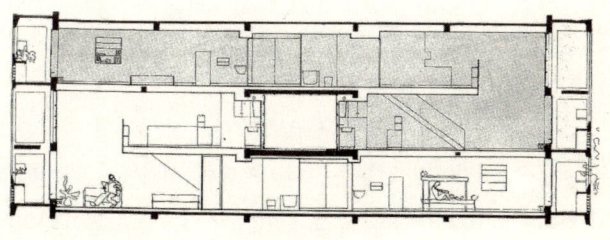

마르세이유 위니테 다비타시옹 주거부 단면도(Le Corbusier, Abrams)

라가 본 사람이라면 이 건물이 아름다운 지중해의 풍광과 얼마나 잘 어우러지는지, 또한 조형예술가로서의 르 코르뷔지에의 재능이 만개되어 기능과 연계된 각종 오브제들이 어떤 감명을 주는지 느낄 것이다.

낭트 르제의 위니테 다비타시옹 역시 이 도시의 자랑거리다. 르 코르뷔지에가 설계한 청소년 문화센터와 운동장, 지붕만 남겨두고 공사가 중지된 생 피에르 성당과 가까이 있어 건축 순례지가 된 피르미나-베르의 위니테 다비타시옹의 최상층 세대는 건축가를 포함한 여러 예술가들에게 한 세대씩 제공되어 설치예술의 장으로 활용되며 방문객을 끌고 있다.

또 한 번의 소동, 뉴욕 '국제연합본부'

국제연맹 청사 건립을 위한 현상설계에서 기존 보수세력에 밀렸던 르 코르뷔지에는 다시 한번 세계 평화를 염원하는 상징적 건물인 '국제연합(UN)본부 계획안' 수립에 참여하여 그의 계획대로 실현되었지만, 정작 참여 건축가의 명단에서 그의 이름은 누락되었다. 유엔의 운영 자금을 대고 있는 미국의 입김에 밀린 것이다.

르 코르뷔지에가 국제적 지명도를 갖고 있었지만 미국에 그의 이름으로 지어진 건물은 '하버드 대학 시각예술 카펜터 센터'(1961~1964)가 유일하다. 스페인 출신 건축가로 1941년 미국으로 이주한 하버드 디자인대학원 학장이자 르 코르뷔지에 찬

미자인 서트J. L. Sert는 역시 하버드에서 강의하고 있던 대표적인 근대 건축 역사가 기디온S. Giedion의 도움을 받아 설계작업 수락을 망설이고 있던 르 코르뷔지에를 설득할 수 있었다. 당시 미국에서

하버드대학 시각예술센터
(Le Corbusier, Hazan)

날뛰고 있던 천박한 건축에 저항하는 행위라는 의미를 내세운 것이다. 르 코르뷔지에는 자신이 미국 건축의 "구세주"가 될 수 없다는 다소 빈정대는 대답을 했으나, 친구들의 요청을 끝까지 거절하지는 않았다.

1930~1940년대 나치가 유럽을 강점했을 때 르 코르뷔지에도 그로피우스나 미스 반 데 로에처럼 미국으로 망명했더라면 어떠했을까? 명성에 비해 실제 작품은 아주 적었던 그로피우스와 미스가 미국으로 가서 열렬한 환영과 전폭적인 지지를 받고 대규모 작업들을 할 때 르 코르뷔지에는 매우 어려운 시간을 보냈다. 그는 이 시기에 실험적인 계획안을 구상하거나 모뒬로르Modulor 연구를 했다. 또 1946년부터 고급 가구 제조자인 조세프 사비나Joseph Savina와 함께 시작한 조각 작업과 이론 연구 및 예술작업을 하면서 시간을 보냈다. 하지만 더욱 심오해진 르 코르뷔지에의 말년 걸작들은 그가 고달프게 프랑스를 지킨 것이 헛되지 않았음을 증명한다.

다시 국제연합본부 사건으로 되돌아가자. 1947년 1월 뉴욕에 도착한 르 코르뷔지에는 미국 건축가이자 오랜 친구인 해리슨W. K. Harrison과 함께 국제연합본부에 대해 연구하기 시작했다. 르 코르뷔지에는 그해 4월까지 스케치북에 거의 60장에 이르는 스케치를 했다. 이 스케치북은 1948년 보스턴에서 분실되었다가 1950년에 발견되어 현재는 르 코르뷔지에 기록보존소에 보관되어 있다. 르 코르뷔지에가 국제연합본부를 위해 40년간 쌓은 모든 경험과 아이디어를 쏟아 부을 때 미국의 큰 미술관 여덟 곳에서는 르 코르뷔지에 작품 전시회가 열리고 있었다.

그러나 1927년 제네바에서 일어난 사건과 비슷한 일이 또다시 뉴욕에서 일어났다. 바로 미국인들이 자신들의 힘으로 국제연합본부를 건설하려고 했던 것이다. 본부위원회와 가을 총회에서 사실상 르 코르뷔지에의 계획안과 똑같은 안을 "이론의 여지가 없는 위엄, 아름다움과 효율성"이 있다고 인정하면서 승인했기 때문이다. 하지만 르 코르뷔지에는 배제되었다.

프랑스 외무성까지 나서 유엔 사무총장에게 이에 대한 이유를 공식 질의했을 만큼 터무니없었던 이 사건은 제2차 세계대전 이후 초강대국으로 떠오른 미국의 집단적 횡포를 여실히 드러낸 사건이다. 유럽에 대해 문화적 열등감에 시달리던 미국은 나치의 폭정과 침략을 피해 망명한 많은 유럽 전위 예술가들을 받아들였다. 마침내 문화적으로도 세계의 중심에 올라서려던 당시에 가장 상징적인 건물을 일당백의 유럽 건축가에게 내주기 싫었던 소아적 발상으로 여겨진다.

르 코르뷔지에는 이 사건을 두고두고 아쉬워했다. 세브르가 35번지에 있었던 작은 개인 스튜디오 출입문 옆에 2장의 국제연합본부 사진을 붙여 놓고 오갈 때마다 그 건물이 자신의 작품임을 되새겼던 것이다.

모뒬로르, 새로운 측정 체계

르 코르뷔지에는 모두가 당연시하던, 앵글로색슨계가 쓰는 피트-인치 체계와 그 외의 세계가 쓰는 미터 체계를 부정하고 이 둘을 통합할 새로운 측정 체계를 찾아 나섰다. 그가 단순히 건축가나 도시계획가의 범주를 초월하는 사상가의 면모를 갖고 있음을 다시 확인하는 대목이다. 그는 르네상스인들처럼 질서 있고 조화로운 이상향을 추구하며 우주와 자연계, 인간의 내적 조화는 수의 질서인 비례를 통해 이뤄진다고 믿었다. 자연의 이미지와 법칙에 따라 구축된 질서인 건축은 인간이 창조한 우주며, 우주 만물을 지배하는 법칙인 수학을 통해 건축이 질서를 갖게 된다고 생각했다.

그에게 자오선의 길이를 기준으로 한 미터법은 논리적이었으나 인간과의 관계에서는 자의적이었다. 피트-인치 체계는 인간과는 밀접하나 십진법보다 너무 복잡했다. 르 코르뷔지에는 미터법에서 앵글로색슨의 치수로 간단하게 바꿀 수 있는 기준 치수와 비례 체계를 구상했다. 모뒬module과 황금분할

71

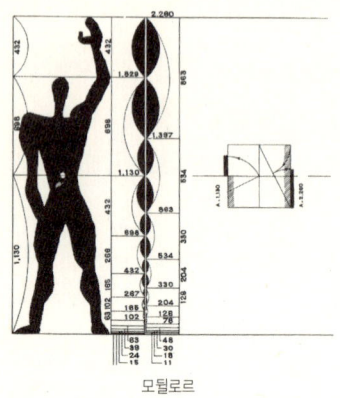

모뒬로르

(section d'or)을 결합해 만든 신조어인 '모뒬로르Modulor'는 평소에 표준화와 조립식을 통해 주거문제 해결 방안을 찾던 그에게 보편적으로 적용할 수 있는 치수 체계였다.

르 코르뷔지에는 1950년에 발표한 저서『르 모뒬로르-건축과 기계에 보편적으로 적용할 수 있는, 인간 척도와 조화로운 측정 체계에 대한 에세이』에서 자신이 젊은 시절 발견한 '조정선'에서부터 '비례격자(la grille des proportions)'를 거쳐 '비례자(la régle des proportion)'에 이르기까지 모뒬로르의 발전 단계를 설명하고 있다.

그는 최종적으로, 한 변이 1.13미터인 정방형을 겹친 길이 2.26미터의 정방형 속에 팔을 올린 높이가 2.26미터이고 배꼽 높이가 그 절반 1.13미터인 남자를 그렸다. 이 2.26미터는 주택에서 방의 기본치수다. 이 폭 1.13미터, 높이 2.26미터인 두 개의 정방형이 황금 분할되고, 이것이 그 남자의 발끝에서부터 배꼽까지, 배꼽에서 머리까지, 머리끝에서 들어올린 손끝까지의 비율을 결정한다. 이때 남자 키의 이상적 치수는 1.829미터다. 이 도식에서 출발해서 간단한 가구부터 건축 및 더 큰 규모에 이르기까지 이 치수가 확장되며 적용된다.

모뒬로르는 기원전 30년경 비트루비우스가 자신의 저서 『건축10서』의 제3서 제1장에서 신전 건축과 인체에서의 좌우대칭에 관해 쓴 이후로 인간을 다시 한 번 건축의 중심에 놓았다.

모뒬로르가 완성된 후 비록 이것이 건축의 질이나 아름다움을 보증해주는 것은 아니지만, 많은 건축가들이 평면이나 입면을 그릴 때 비례체계 확립을 위해 이를 적용했다. 르 코르뷔지에 자신도 '위니테 다비타시옹'의 전체 평면과 단면, 차양, 단위 세대의 평면과 단면, 모든 붙박이 가구 시스템, '롱샹 순례자 성당'의 평·단면, 남쪽 창 내기, 고해소, 제구대 따위에 적용했다. 또 찬디가르의 '사무국' '라 투레트 수도원', 피르미니 '청소년센터' 등 말년의 작품에 이를 적용했다. 마르세이유의 '위니테 다비타시옹'이나 피르미니의 '청소년센터'의 외벽에는 이러한 사실을 드러내는 모뒬로르의 음각이 거친 콘크리트 표면에 새겨져 있다.

주요 예술의 통합을 향해

르 코르뷔지에는 생애 마지막에 해당하는 이 시기에 비로소 예술로서의 건축을 가장 잘 표명할 수 있는 종교 건축과 미술관 건축을 했다.

그는 '트랑블레 성당 계획안'(1929)에서 시작해 평생 7개의 교회를 설계했지만, 그중 2개만 완공했다. 미술관 건축도 지구라트 형식의 '문다늄 세계 미술관 계획안'(1928)과 '파리 현대 미술관 계획안'(1931)에서부터 '무한성장 박물관'(1939) 개념이 성립되기까지 계속 연구했지만, 1956년에야 먼 이국땅인 아메다바드에서 첫 결실을 맺었다.

이때는 또한 권력과 연계가 없이는 실현하기 어려운 대규모 도시계획을 꿈꿨으나 모든 곳에서 거절당했던 그가 예상치

무한성장 박물관 모형(Le Corbusier, Skira)

않게 인도 정부의 요청으로 대규모 정부 건물을 건설하는 기
회를 얻은 시기다.

롱샹 순례자 성당

'롱샹 순례자 성당'은 여러 면에서 충격적이었다. 르 코르
뷔지에가 설계한 이전 건물들이 그러했던 것처럼, 기본적인
기하학을 활용해 기능과 형태가 상호 교감하는 건물을 당연하
게 여겼던 이들에게 감각적이고 비합리적인 이 성당은 의외였
다. 건축계의 반응은 아주 여러 가지였다. 합리주의 건축의 대
표 주자의 극단적 비합리주의 건축이라는 비난과 함께 표준과
합리성을 넘어선 노력으로 극찬을 받기도 했다. 어떤 이는 초
월하려는 것 자체가 합리성의 정수며, 비합리성을 뒤엎는 방
법이 아닌 이러한 시도로 새로운 합리성을 성취할 수 있다고
믿고 싶어 했다.

이 성당 설계 의뢰는 나치가 내세운 비시 정권에 협력했다

는 의심을 받고 있던 르 코르뷔지에에게 프랑스 가톨릭교회가 주는 사면령 같은 것이었다. 그를 설계자로 추천한 쿠튀리에 신부와 교회는 그의 행위가 개인적 이익 추구가 아닌 인간 생활을 바꾸기 위한 노력임을 이해했고, 자신의 작품을 위해서라면 악마와도 타협할 수 있는, 정치가가 아닌 꿈을 좇는 사람, 개혁가, 기술자로 그를 이해했다.

4세기에 성모 마리아에게 봉헌된 성당이 세워진 이후로 이곳에는 수많은 순례자의 발길이 끊이지 않던 순례자 성당이 있었으나 제2차 대전 때 폭격을 받아 소실되었다. 기적처럼 불타지 않은 성모상을 보존할 새로운 성당을 짓기로 했을 때 르 코르뷔지에는 종교적 요구보다 사방이 지평선으로 트인 전경을 중요하게 보고 건물의 구성을 형태를 통한 청각적 대응으로 풀고자 했다.

롱샹 성당 남쪽 파사드

200명을 수용하는 본당 회중석과 작은 채플 세 개, 1년에 두 번 10,000명 정도가 야외 미사를 드릴 수 있는 야외 공간, 성모상 보존이 조건의 전부였다. 마음껏 창작할 수 있는 상태에서 설계한 이 성당은 근대 건축의 이름으로 지어진 건물 중 가장 조형적인 건물이면서, 진중하고 극적인 내부공간을 지녀 감동적인 빛과 함께 방문자를 사로잡는다.

성당이 있는 언덕을 오르는 이들을 환대하듯, 오목하고 두꺼운 남측 곡벽에 다양한 크기와 모양의 창들이 있고, 이 흰 벽 위에 무거우면서도 날아갈 듯이 얹힌, 1947년 뉴욕의 롱아일랜드 해변에서 주운 게 껍질 모양을 따온 지붕, 이러한 자유롭고 비정형적이며 동적인 요소들을 튼튼하게 받쳐주며 건축이 보여줄 수 있는 가장 아름다운 빛을 알코브 채플Alcove chapel에 제공하는, 꼭대기가 반 돔(half dome) 형태인 수직 탑의 조화가 보는 사람을 감탄하게 한다.

방문객은 아크로폴리스 언덕의 파르테논 신전이 그러하듯 진입하는 곳 반대쪽인 북쪽에 있는 입구로 가기 위해 건물을 돌면서 동쪽 외부 제단 등 성당의 독특한 외관을 감상하고 안으로 들어선다. 이때 어두컴컴한 실내에 신비한 분위기를 연출하는, 다양한 모습의 채색된 남쪽 창들과 색을 머금은 빛들이 눈앞에 나타난다. 벽과 지붕이 만나는 접선은 떨어진 채 가늘게 빛이 들어와 둔중한 지붕이 가볍게 얹혀 있다.

르 코르뷔지에는 여기서 변화무쌍한 형태와 극적 공간, 독특하게 빛이 비치는 "기도하기 위한 기계"를 만들었다. 차가운 기계가 아니라 현대인의 메마른 종교성을 자극하는 쉘shell형 지붕과 한쪽 벽이 조명되는 내부, 제단 등의 여러 구성 요소들이 모두 정확하게 파동 치는 풍경에 의한 "시각적 음향"에 반응하도록 조율된 유기적 생명체로서의 기계다.

접근로가 있는 남쪽에 있어 마치 입구처럼 보이나 출구로만 사용되는 큰 문에 에나멜로 그려진 큰 벽화 같은 그림, 남쪽 벽의 창들에 그려진 갖가지 상징 문양들, 알코브 채플에 적용된 색채들은 자연광과 함께 내부 공간에 생명력을 부여한다. 직각 체계에 근거한 평면, 입면과 단면 모두에 모뒬로르를 따른 비례체계가 적용되는 등 합리성을 바탕으로 하여 스스로 균형 잡힌 구성 체계를 취하면서도 전체가 공명하며 유동하는 예술품의 부분들인 이 성당은 그가 원칙을 지키면서도 특정한 틀에 얽매여 작업하지 않는 자유인임을 보여준다.

라 투레트 수도원

'롱샹 순례자 성당'이 공사 중이던 1952년, 리옹의 도미니크회 형제단의 대교구 지부는 역시 쿠튀리에 신부의 추천으로 르 코르뷔지에에게 '생트 마리 드 라 투레트 도미니크회 수도원' 설계를 위임했다. 성당과 달리 수도원은 도미니크회 교단을 창시한 성 도미니크에게 종교적으로 패한 중세 이단의 후손인 르 코르뷔지에에게는 거슬리는 신조와 생활양식에 있어 헌신을 표현하지만, 그는 전문가로서 이를 수용했다. 쿠튀리에 신부와 르 코르뷔지에는 종교에 대해서는 일체 얘기하지 않았고, 어떠한 수사도 이 문제를 건드리지 않았다. 따라서 이 수도원에서의 상징적 요소들은 믿음의 표현으로서가 아니라 종교 건축의 선례들에서 상속받은 것이라 하겠다.

여기서 르 코르뷔지에는 1907년 샤르트루즈 데마 수도원에서 깊은 감명을 받았던 "고독과 교류"의 예를 상기했다. 제일 아래층에는 넓은 식당과 성당으로 이끄는 십자형 회랑이, 중

라투레트 수도원

간층에는 연구 홀, 작업장, 휴게 홀과 도서관이, 최상부 두 층에는 로지아와 함께 경건하고 면학적인 교수와 학생들을 위한 100개의 독방을 배치했다.

직각에 기초한 기하학적 구성을 바탕으로 주로 독방이 있는 최상부 두 층의 규칙적 반복성과 수평성 아래에서 불규칙적으로 파동 치는 수직적 유리 패널 간의 절묘한 대비, 필로티 위의 들림과 순차적으로 건물이 아래로 내려오면서 결국 부속성당에서 지면에 굳건하게 뿌리박기까지 볼륨 구성상의 음악적 율동감, 경사지에서의 필로티 사용과 수도원과 부속성당 사이의 이격으로 인해 중앙 외부 공간에서 벌어지는 공간의 한정과 확장의 적절한 배합, 불투명성과 투명성의 상관성, 내·외부에서 물성이 억제된 투박한 단일 재료에서 풍겨나는 경건성과 엄숙함, 단순 반복적인 요소와 눈길을 끄는 조형적 요소의 적절한 배치, 외부 형태와 내부 공간성에서 공히 느껴지는, 장방형 부속성당의 정형성, 단순성과 기도소(crypt)의 자유로

운 비정형성의 대비, 롱샹 성당의 자연광에 비견되는 부속성
당에서의 아름다운 빛 유입 등 헤아리기 힘들 만큼 많은 건축
적 교훈이 담겨 있는 이 수도원은 롱샹 성당과 함께 20세기
건축의 손꼽히는 걸작이다.

미술관 건축

르 코르뷔지에가 설계한 미술관인 도쿄 국립서양미술관은
그의 다른 말년 작품들처럼 예기치 않게 그에게 다가왔다. 오
래전부터 미술관 건축을 꿈꾸며 여러 번 프랑스 정부에 계획
안을 제안했으나 번번이 거절당했는데, 엉뚱한 데서 기회가
온 것이다.

파리에 거주하던 부유한 일본인으로 훌륭한 인상주의 회화
를 많이 수집한 마츠카타는 제2차 세계대전 때 적성국가 국민
으로 소장품을 프랑스 정부에 몰수당했다. 종전 후 이 압수품
을 반환하기로 했을 때 일본 정부는 이미 사망한 소유주를 대
신해 르 코르뷔지에로 하여금 도쿄의 우에노 공원 내에 이 작
품들을 전시할 미술관 설계를 의뢰했다.

당초에는 소극장과 야외극장 및 임시 전시관과 함께 계획
되었으나 유일하게 지어진 도쿄 국립서양미술관은, 물론 르
코르뷔지에가 이 미술관이 계속 증축될 것으로 기대하지는 않
았지만, 필로티 위에 들린 건물 하부를 통해 중앙부에 이르고,
중앙홀을 올라 무한 나선궤도를 따라 방들이 나열되어 끝없는

증축이 가능한 전시공간에 이르는 '무한성장박물관' 개념에 충실하다.

그 결과 개념적으로는 언제나 증축이 가능하도록 한 변이 41.11미터인, 필로티 위에 얹힌 무표정한 정방형 볼륨 아래로 진입해 입구홀을 지나 넓고 밝은 중앙 홀(19세기 홀)에 이르고 경사로를 따라 2층에 있는 전시 공간으로 오른다. 평·단면의 모든 요소에서 모뒬로르 치수가 적용된 이 미술관은 다수의 기둥이 전시 공간에 독립적으로 서 있는, 미술관 건축으로는 드문 예다.

르 코르뷔지에는 기둥 간격 6.35미터의 격자 두 개의 폭과 격자 하나의 길이의 단위 전시 공간을 자연광 유입 방식과 전시물과 관람자의 관계를 고려하며 평면과 단면에서 연구하여 그것을 전체 전시 공간에 적용했다. 일정한 넓이와 단면을 가진 채 병치된 단위 전시 공간들은 필요에 따라 설치되는 가변적 칸막이로 인해 형성되는 전후좌우 공간과의 관계성에 의해 정의되는 열린 공간이 된다. 그 결과 고전적 전시 공간과는 아주 다른, 자유로운 평면 개념 아래에 칸막이의 조정에 의한 융통성과 가변성, 연속성이 확보된 근대적 공간 특성을 보인다.

이외에도 인도의 '아메다바드 미술관'과 '찬디가르 미술관'이 실현되었다. 지금처럼 커뮤니케이션이 쉽지 않았던 때에

'하버드 시각예술 카펜터 센터'에서는 전화로 현장의 문제를 해결했고, 도쿄 국립서양미술관에서도 자신의 사무실에서 일했던 일본인 건축가들에게 실시설계를 맡겼던 르 코르뷔지에는 인도의 두 미술관에서도 마찬가지 상황에서 작업해야 했다. 찬디가르 미술관은 그나마 그의 사후에 건설되었다.

1965년, 르 코르뷔지에는 마침내 문화성장관 앙드레 말로로부터 파리 근교 낭테르에 건설할 '20세기 미술관'의 설계를 의뢰받아 자신의 모든 건축적 능력을 표출하는 초기 계획안을 열정적으로 그렸다. 그러나 그해 여름 르 코르뷔지에는 갑자기 사망하고 말았다. 그로서도 너무나 안타까운 일이지만 건축 역사에서는 더할 수 없는 손실이었다.

이 같은 예외적인 건축가가 막상 파리에는 소수의 소규모 작품만을 남기고 프랑스의 보수적 집단에 의해 끊임없이 견제를 받았던 데 대해 르 코르뷔지에에게 '인간의 집(Maison de l'homme)' 계획을 의뢰해 건립한 인테리어 작가 베버Heidi Weber 여사는 무척 분개했다. 그녀는 그와 같은 위대한 건축가

취리히 인간의 집(Le Corbusier, Skira)

를 제대로 대우하지 못한 프랑스를 '이상한 나라'라고 말하기도 했다.

르 코르뷔지에 사후인 1967년에 완공된 '인간의 집'은 1962년 스톡홀름 근교 바닷가에 피카소와 마티

스 및 르 코르뷔지에의 작품을 영구히 전시하기 위해 설계되
었다가 취소된 계획안을 르 코르뷔지에의 작품에 심취해 많은
작품을 수집했고, 그의 작품들을 그가 설계한 건물에서 전시
하기를 원했던 베버 여사가 취리히에 건설한 것이다. 르 코르
뷔지에가 "예술의 종합"을 위한 완벽한 용기容器로서 여러 차
례 제안했던 아이디어가 마침내 이루어진 것이다. 시 당국은
이를 위해 아름다운 호수가 있는 공원 부지를 기꺼이 양도해
주었다.

　이 전시관은 두 개의 독립된 철골 구조와 이 둘 위를 뻗는
단 하나의 우산형 지붕으로 구성되었다. 매우 다양한 융통성
을 허용하는 건물의 본체에는 모뒬로르 치수가 적용되었다.
파사드는 금속 유리틀과 같은 색의 윤이 나는 도자기판으로
마감되었다. 현재도 르 코르뷔지에의 많은 작품이 전시되어
있어서 스위스의 '르 코르뷔지에 센터'로 알려져 있다.

찬디가르

　알제, 스톡홀름, 리우, 파리, 앙베르, 부에노스아이레스, 생
디에, 보고타, 라 로셸, 제네바, 베를린의 도시계획안을 모두
실현시키지 못한 르 코르뷔지에는 알제에서 연속해서 세 계획
안을 거부당하고 귀국하며, "나를 쫓아내는구나. 문을 닫아버
렸어. 나는 떠나면서 내가 옳다, 내가 옳다, 내가 옳다는 것을
가슴 깊이 느낀다. 도시에 헌신한 사람들이 자신에게 예술의

미소와 영광의 자세를 완고하게 금지하는 것을 보는 일은 쓰라린 고통이다"라고 탄식했다. 그런 르 코르뷔지에가 말년에 인도 편잡주의 주도 찬디가르에 건설될 대규모 정부 건물을 설계하게 된 것은 우연이었다.

1947년, 과거 영국 식민지였던 편잡주가 인도와 파키스탄 땅으로 분할되었다. 원래의 편잡주 주도를 파키스탄에 양도한 인도 정부는 나머지 편잡주에 15만 명이 거주할 새로운 주도를 건설하기 위해 미국 도시계획가 메이어A. Mayer, 건축가 슈타인C. Stein, 폴란드 건축가 노비츠키M. Nowicki에게 작업을 의뢰했다. 기본 계획이 완료된 때인 1950년 8월, 노비츠키가 비행기 사고로 죽자 인도 정부는 그를 대신할 건축가로 르 코르뷔지에를 정하고 아틀리에로 찾아갔다.

그러나 힘든 대규모 프로젝트에서 연거푸 실망했고, 가난한 인도의 기술력 부족과 저예산 문제 등이 마음에 걸려 르 코르뷔지에가 거절하자 인도 정부는 이미 저개발국가에서 작업을 했던 영국 건축가 드류J. Drew와 프라이M. Fry를 찾아갔다. 유사한 이유로 주저하던 그들은 인도 정부가 르 코르뷔지에가 팀의 일원으로 함께 일하면 어떻겠냐고 제안하자 마침내 동의했다. 르 코르뷔지에도 이에 응했고 오랜 동료 피에르 장느레를 다시 협력자로 불러 찬디가르 계획을 진행했다.

르 코르뷔지에는 메이어가 수립한 기본 계획을 수정하고 '아테네 헌장'의 원리를 따라 한 달도 걸리지 않아 이전의 파리 계획안에서 나타났던 축軸과 구성적 양상이 강조된 기념비적인 '카피톨Capitole 계획안'을 작성했다. 지침을 주고 주거용 건물과 기타 주변 건물을 피에르 장느레를 비롯한 다른 건축가들에게 위임한 그는 오늘날 단지 전체가 거대한 예술 작품으로, 1970년대 랜드 아트land art의 선구자로 인정받는 '법원 청사'와 '사무국' '의사당' 설계에 집중했다.

'법원 청사'(1951~1955)가 제일 먼저 완공되었다. ㄷ형의 파라솔 같은 거대한 지붕 아래에 여러 법정과 사무실 기능이 첨가되었다. 태양으로부터 내부를 보호하는 1.4미터 깊이의 브리즈 솔레이유 패턴은 거대한 주랑 현관을 형성하는 세 개의 벽기둥에 의해 분절되었다. 거대한 지붕은 옥상에 그림자를 던지고 비를 막아준다. 1928년에 계획했던 '카르타주 저택'에서 이미 나타난 옥상 전체를 덮는 이와 같은 지붕은 무갈 moghal 건축의 예처럼 인도에 어울리는 것이었다. 이 지붕과 차양은 실제적 쓰임과 아울러 지역을 인정하는 상징적 몸짓에

찬디가르 법원청사 (Le Corbusier, Universe)

가깝다. 냉방 비용을 아끼면서 기후 조건에 효과적인 피난처를 만들고 기념비적인 기능에 조형적이고 상징적인 해결책을 부여하고자 한 것이다.

법정 안에서의 음향 조절을 위해 르 코르뷔지에는 9개의 커다란 벽걸이를 디자인했다. 카피톨의 전체 배치에 이미 적용된 모뒬로르는 벽걸이 디자인에도 적용되어 대부분 죄수이거나 농부의 가족이었던 벽걸이 제작자들에게 자신의 의도가 쉽게 전달된 것을 그는 자랑스럽게 생각했다.

처음에 고층건물로 계획되었다가 길이 254미터, 높이 42미터의 긴 일자형 8층 건물로 수정된 '사무국'(1952~1958)에는 3,000명이 일하는 정부의 사무실과 기관이 입주해 있다. 이 건물 역시 1만 개의 콘크리트 창틀로 만들어진 브리즈 솔레이유로 태양을 가린다. 동선은 계단 및 엘리베이터와 함께 건물의 앞뒤에 각각 있는 넓은 경사로로 해결한다. 옥상은 리셉션장으로 활용된다.

1952년에 시작하여 1962년에야 끝난 '의사당'은 앞의 두

찬디가르. 사무국 (Le Corbusier, Hazan)

찬디가르 의회(Le Corbusier, Skira)

건물에 비해 사무실, 위원회와 언론을 위한 방, 지방의회 방,
주회의장 등 더욱 복잡한 프로그램을 수용한다. 이를 위해 마
치 3개의 사무국과 1개의 법원 청사가 □자형으로 둘러싸고
중심부의 아트리움 같은 공간에 원형 평면의 조형적인 주회의
장이 들어선 듯한 구성으로 되어 있다.

　겨울이면 천창을 통해 빛을 받아들이는 주회의장에는 연단
이 없고 각자 제자리에서 전자 장치를 통해 발언하게 되어 있
다. 원형의 주회의장 바깥인 아트리움 같은 공간은 비공식적
인 사회적, 정치적 만남이 이뤄지는 로비로 활용된다. 르 코르
뷔지에는 여기서 지역과 인도의 문화 전통 및 현대적 가치에
적합한 공적인 환경과 조화감과 통일성을 정의하기 위해 공간
내에서 건물들로 하여금 상호 연관성을 가지도록 하는 방안을
찾고자 노력했다.

　그는 찬디가르에서의 거대한 공공건물 이외에도 인도에서
'사바라이 저택' '쇼당 저택' '섬유산업 클럽' '찬디가르 미술

쇼당 저택(Le Corbusier, Skira)

관' 같은 더 작고 친근하며 사적인 프로젝트들을 설계했다. 이
것들은 그의 생애 마지막 시기의 작품들이지만, 제2차 세계대
전 이전 프랑스에서의 아이디어를 열대 지방의 지역적 맥락에
능숙하고도 창의적으로 번안한 수작들이다.

펼친 손

   르 코르뷔지에는 찬디가르에 커다란 조각 기념물 하나를
설치하는 데 심혈을 기울였다. 그것은 인도와 세계, 그리고 자
신의 시대에 대한 성명이자 또한 미래에 대한 유언이기도 했
다. 그는 이를 위해 추상적 구성과 상징으로서 청소년기 때부
터 그를 매료시켰던 '펼친 손'을 주제로 택했다. 1937년, 최상
부에 역시 악수하는 듯한 손이 붙어 있는, 파리혁명정부의 지
도자 바리앙-쿠튀리에를 위한 정치적 색채가 짙은 기념물 계
획안과 달리 이 '펼친 손(Main ouverte) 기념물'은 정치적 표상
이 아닌 물질에 대한 인간의 관계, 모든 것이 가능하며 모든

갈등은 사라질 수 있음에 대한 깨달음을 위해 세워졌다. 모든 전쟁 준비를 중지해야 하고 평화의 작품을 창안하고 규정하자는 것이다.

펼친 손 조형물
(Le Corbusier, Hazan)

르 코르뷔지에는 죽기 한 달 전 마치 유언을 하듯, "세계 인민들 전체에게 나눠줄 창조의 풍요로움을 얻기 위해 펼친 손의 상징물은 우리 시대의 상징으로서 있어야 합니다. 내가 하느님의 별들 사이에 있는 천국에 가기 전에, 찬디가르에서 지평선 위로 솟아오르는, 히말라야 산맥을 배경으로, 늙은 코르뷔인 나에게는 여정의 종점을 찍는 이 펼친 손을 보고 싶습니다. 당신 앙드레 말로에게, 내 동료들과 친구들 모두에게 이 펼친 손의 상징물이 간디의 제자인 네루가 사랑한 도시인 찬디가르의 하늘 아래 건립될 수 있도록 도움을 청합니다"라는 글을 남겼다. 이 기념물은 르 코르뷔지에를 기리는 이들에 의해 1985년에야 건립되었다.

감동으로서의 건축

시대를 앞서간 예지자, 건축을 통한 사회 개혁을 꿈꿨던 이상가, 새로운 정신을 도발적으로 제시하는 선동가의 기질을 품은, 낭만적이면서도 합리적이고 고전적이면서도 지극히 현대적인 천재 예술가이자 사상가로서 그는 본질적으로 보수적인 현실과 끊임없는 마찰을 일으키고 때로 부당한 대우를 받았지만 결코 현실에 굴하지 않았다.

생전에 270여 개의 건축 계획안(이중 약 40% 완공)과 65개의 도시계획 작품 이외에도 400여 점의 유화, 7점의 벽화, 40여 점의 벽걸이, 50여 점의 조각품, 20여 점의 가구 작품과 50여 권의 책과 7권의 예술서적 및 신문과 잡지에 수많은 기고문을 남긴 그의 자취는 그가 사망한 지 40주년이 되는 오늘날까지 현대 건축의 핵심적 교훈으로 남아 있다.

그는 건축의 목적이 사람을 감동하게 하는 데에 있으며, 이 건축적 감동은 우리가 따르고 인정하고 존경하는 법칙을 지닌 우주와의 조화를 이룬 작품이 우리 안에서 공명될 때 존재한다고 믿었다. 그의 건축이 주는 진한 감동은 그가 말하는 '정신의 순수한 창조물'로서의 건축이 무엇인가를 가슴으로 전해 준다.

1) 오랜 시간이 지난 후 르 코르뷔지에는 4년 전인 1902년에 투린Turin 전시회에서 자신만 유일하게 명예학위를 받았노라고 자랑했지만, 이때는 그가 학교에 입학한 해로 착각인 듯하다.

2) 새로운 예술(New Art)이라는 의미로, 1890년~1905년경 전 유럽에 걸친 낭만주의적, 개인주의적, 반역사주의적 예술운동.

3) 19세기 후반 수공예와 일용품의 수준 높은 디자인을 강조하여 영국에서 일어난 응용예술 운동.

4) 리옹에서 시무하던, 제2차 세계대전 이후 프랑스 문화계에서 중요한 역할을 하던 신부로 이태리와 독일, 프랑스의 가톨릭 교회들에게 근대적 미학을 소개하여 종교예술을 부활시키고자 노력했다. 그는 '롱샹 순례자 성당'과 '라 투레트 수도원' 설계자로 르 코르뷔지에를 추천했다.

5) 1907년에 예술, 공업, 수공예를 통합하여 공업제품의 질을 높이고 독일 산업가와 예술가들의 사이의 친목을 도모하고자 설립된 조직으로, 오늘날 선진 공업국으로서의 독일의 기반을 닦았다.

6) 이때의 보고서는 「Etude sur le Mouvement d'Art Décoratif en Allemagne」(1912)라는 제목으로 라쇼드퐁에서 발간되었다.

7) la Flandre, 벨기에 서부, 프랑스 북부, 네덜란드 남서부를 포함하는 지역.

8) 프랑스 제2제정(1982~1870) 때 파리 지사로서, 나폴레옹 3세의 지시를 받아 대규모 도시계획을 실시하여 오늘날 파리의 면모를 갖추었다.

9) 1903년에 시작되어 오늘날까지 해마다 가을에 파리에서 열리는 진보적 성격을 띤 전람회. 야수파, 입체파 등 근대회화 사상에 큰 발자취를 남겼다.

10) 부아쟁이라는 이름은 "자동차가 대도시를 죽였다. 자동차는 대도시를 구해야 한다!"는 슬로건을 내걸고 전시관 건립 후 원자를 자동차 제조업자 가운데 물색하던 중 도와준 가브리엘 부아쟁에서 따왔다.

11) 낭만적인 19세기 공산주의자의 혁명 발발의 무정부적인 꿈

을 의미.

12) 독일공작연맹의 부회장 미스 반 데 로에의 기획으로 5개국 16명의 건축가가 슈투트가르트의 바이센호프에 모여 건축 공정의 합리화, 신재료와 신기술 사용, 경비 및 작업 절감을 주제로 주거단지를 설계했다. 여기서 그들은 기술적, 합리적 근대 세계를 주택이라는 가장 친근한 삶의 공간에 어떻게 참 여시킬 것인가를 고민했다.

13) 첫째 유형은, 넷째 유형의 그림을 보면, 정반대일 것 같은 둘째 유형과 무관하지 않다. ㄱ자형은 잠재적으로 직각 공간을 감싸고 있는데, 실제 ㄱ자 배치의 '라 로슈-장느레 저택'의 양단이 돌출된 발코니와 볼륨으로 직각 공간을 향하고 있다. 이때 ㄱ자 안쪽의 굴곡 많은 외부 파사드는 내부 파사드로 이해할 수 있다. 쉬웠던 구성법이 갑자기 "어려운" 가치를 얻었다.

14) 르 코르뷔지에는 포도주병을 겹겹이 뉘어 보관하는 병걸이 (Bottlerack)에 포도주병을 넣었다 빼는 것처럼 콘크리트 골조를 먼저 완성해놓고 공장에서 생산된 각 주거단위를 끼웠다 뺐다 할 수 있게 하자는 제안을 했다.

15) 20세기 초 표현주의가 주관의 표출에만 전념한 나머지 실재 파악을 등한시하고 비합리주의적인 경향으로 흐르는 데 반대하여 즉물적인 대상 파악에 의한 실재감의 회복을 기대한 운동.

참고문헌

김도식 외, 『Le Corbusier 건축작품 읽기』, 기문당, 1999.

BESSET, Maurice, 『Le Corbusier』, Skira, 1987.

BURRY, René, 『Le Corbusier, Magnum Photos』, Birkhäuser, 1999.

DOSHI, Balkrishna, 『Maîtres & Modèles』, Corbu vu par, Pierre Mardaga éditeur, 1987.

FRAMPTON, Kenneth, 『Le Corbusier』, Hazan, 1997.

_____, 정영철·윤재희 옮김, 『현대건축사 II』, 세진사, 1990.

Le Corbusier, 『Le Corbusier, le passé à réaction poétique』, Caisse nationale des Monuments historiques et des Sites/Ministère de la Culture et de la Communication, 1988.

_____, 박경삼 옮김, 『모듈러』, 안그라픽스, 1991.

_____, 이관석 옮김, 『건축을 향하여』, 동녘, 2002.

_____, 이윤자 옮김, 『아테네 헌장』, 기문당, 1990.

_____, 정진국·이관석 옮김, 『프레시지옹』, 동녘, 2004.

LUCAN, Jacques(éd.), 『Le Corbusier, une encyclopédie』, Centre Georges Pompidou, 1987.

MONNIER, Gérard, 『Le Corbusier』, Éditions la Manufacture, 1986.

TZONIS, Alexander, 『Le Corbusier, the poetics of machine and metaphor』, Universe, 2001.

VON MOOS, Stanislaus, 최창길·예명해 옮김, 『르 코르뷔지에의 생애』, 기문당, 1995.

르 코르뷔지에 근대 건축의 거장

펴낸날	초판 1쇄 2006년 12월 30일
	초판 3쇄 2015년 2월 23일

지은이	이관석
펴낸이	심만수
펴낸곳	(주)살림출판사
출판등록	1989년 11월 1일 제9-210호

주소	경기도 파주시 광인사길 30
전화	031-955-1350 팩스 031-624-1356
기획 · 편집	031-955-4671
홈페이지	http://www.sallimbooks.com
이메일	book@sallimbooks.com

ISBN	978-89-522-0594-0 04080

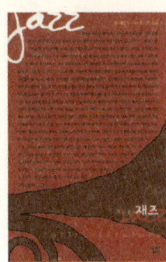

054 재즈

eBook

최규용(재즈평론가)

즉흥연주의 대명사, 재즈의 종류와 그 변천사를 한눈에 알 수 있도록 소개한 책. 재즈만이 가지고 있는 매력과 음악을 소개한다. 특히 초기부터 현재까지 재즈의 사조에 따라 변화한 즉흥연주를 중심으로 풍부한 비유를 동원하여 서술했기 때문에 재즈의 역사와 다양한 사조의 특징을 쉽게 이해할 수 있다.

255 비틀스

eBook

고영탁(대중음악평론가)

음악 하나로 세상을 정복한 불세출의 록 밴드. 20세기에 가장 큰 충격과 영향을 준 스타 중의 스타! 비틀스는 사람들에게 꿈을 주었고, 많은 젊은이들의 인생을 바꾸었다. 그래서인지 해체한 지 40년이 넘은 지금도 그들은 지구촌 음악팬들의 많은 사랑을 받고 있다. 비틀스의 성장과 발전 모습은 어떠했나? 또 그러한 변동과정은 비틀스 자신들에게 어떤 의미였나?

422 롤링 스톤즈

eBook

김기범(영상 및 정보 기술원)

전설의 록 밴드 '롤링 스톤즈'. 그들의 몸짓 하나하나는 우리가 생각하는 것보다 훨씬 더 탁월한 수준의 음악적 깊이, 전통과 핵심에 충실하려고 애쓴 몸부림의 흔적들이 존재한다. 저자는 '롤링 스톤즈'가 50년 동안 추구해 온 '진짜'의 실체에 다가가기 위해 애쓴다. 결성 50주년을 맞은 지금도 구르기(rolling)를 계속하게 하는 힘. 이 책은 그 '힘'에 관한 이야기다.

127 안토니 가우디 아름다움을 건축한 수도사

eBook

손세관(중앙대 건축공학과 교수)

스페인의 세계적인 건축가 가우디의 삶과 건축세계를 소개하는 책. 어느 양식에도 속할 수 없는 독특한 건축세계를 구축하고 자연과 너무나 닮아 있는 건축가 가우디. 이 책은 우리에게 건축물의 설계가 아닌, 아름다움 자체를 건축한 한 명의 수도자를 만나게 해준다.

131 안도 다다오 건축의 누드작가

eBook

임재진(홍익대 건축공학과 교수)

일본이 낳은 불세출의 건축가 안도 다다오! 프로복서와 고졸학력, 독학으로 최고의 건축가 반열에 오른 그의 삶과 건축, 건축철학에 대해 다뤘다. 미를 창조하는 시인, 인간을 감동시키는 휴머니즘, 동양사상과 서양사상의 가치를 조화롭게 빚어낼 줄 아는 건축가 등 그를 따라다니는 수식어의 연원을 밝혀 본다.

207 한옥

eBook

박명덕(동양공전 건축학과 교수)

한옥의 효율성과 과학성을 면밀히 연구하고 있는 책. 한옥은 주위의 경관요소를 거르지 않는 곳에 짓되 그곳에서 나오는 재료를 사용하여 그곳의 지세에 맞도록 지었다. 저자는 한옥에서 대들보나 서까래를 쓸 때에도 인공을 가하지 않는 재료를 사용하여 언뜻 보기에는 완결미가 부족한 듯하지만 실제는 그 이상의 치밀함이 들어 있다고 말한다.

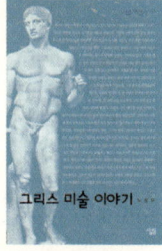

114 그리스 미술 이야기

eBook

노성두(이화여대 책임연구원)

서양 미술의 기원을 추적하다 보면 반드시 도달하게 되는 출발점인 그리스의 미술. 이 책은 바로 우리 시대의 탁월한 이야기꾼인 미술사학자 노성두가 그리스 미술에 얽힌 다양한 이야기를 재미있게 풀어놓은 이야기보따리이다. 미술의 사회적 배경과 이론적 뿌리를 더듬어 감상과 해석의 실마리에 접근하는 또 다른 시각을 제공하는 책.

382 이슬람 예술

eBook

전완경(부산외대 아랍어과 교수)

이슬람 예술은 중국을 제외하고 가장 긴 역사를 지닌 전 세계에 가장 널리 분포된 예술이 세계적인 예술이다. 이 책은 이슬람 예술을 장르별, 시대별로 다룬 입문서로 이슬람 문명의 기반이 된 페르시아 · 지중해 · 인도 · 중국 등의 문명과 이슬람교가 융합하여 미술, 건축, 음악이라는 분야에서 어떻게 표현되었는지 설명한다.

417 20세기의 위대한 지휘자 `eBook`

김문경(변리사)

뜨거운 삶과 음악을 동시에 끌어안았던 위대한 지휘자들 중 스무 명을 엄선해 그들의 음악관과 스타일, 성장과정을 재조명한 책. 전문 음악칼럼니스트인 저자의 추천음반이 함께 수록되어 있어 클래식 길잡이로서의 역할도 톡톡히 한다. 특히 각 지휘자들의 감각 있고 개성 있는 해석 스타일을 묘사한 부분은 이 책의 백미다.

164 영화음악 불멸의 사운드트랙 이야기 `eBook`

박신영(프리랜서 작가)

영화음악 감상에 필요한 기초 지식, 불멸의 영화음악, 자신만의 세계를 인정받는 영화음악인들에 대한 이야기를 담았다. 〈시네마천국〉 〈사운드 오브 뮤직〉 같은 고전은 물론, 〈아멜리에〉 〈봄날은 간다〉 〈카우보이 비밥〉 등 숨겨진 보석 같은 영화음악도 소개한다. 조성우, 엔니오 모리꼬네, 대니 앨프먼 등 거장들의 음악세계도 엿볼 수 있다.

440 발레 `eBook`

김도윤(프리랜서 통번역가)

〈로미오와 줄리엣〉과 〈잠자는 숲속의 미녀〉는 발레 무대에 흔히 오르는 작품 중 하나다. 그런데 왜 '발레'라는 장르만 생소하게 느껴지는 것일까? 저자는 그 배경에 '고급예술'이라는 오해, 난해한 공연 장르라는 선입견이 존재한다고 지적한다. 저자는 일단 발레라는 예술 장르가 주는 감동의 깊이를 경험하기 위해 문 밖을 나서길 원한다.

194 미야자키 하야오 `eBook`

김윤아(건국대 강사)

미야자키 하야오의 최근 대표작을 통해 일본의 신화와 그 이면을 소개한 책. 〈원령공주〉 〈센과 치히로의 행방불명〉 〈하울의 움직이는 성〉이 사랑받은 이유는 이 작품들이 가장 보편적이면서도 가장 일본적인 신화이기 때문이다. 신화의 세계를 미야자키 하야오의 작품과 다양한 측면으로 연결시키면서 그의 작품세계의 특성을 밝힌다.

eBook 표시가 되어있는 도서는 전자책으로 구매가 가능합니다.

(주)살림출판사

www.sallimbooks.com

주소 경기도 파주시 문발동 522-1 | 전화 031-955-1350 | 팩스 031-955-1355